公開霊言　元・東大教授

京極純一
「日本の政治改革」
最終講義

RYUHO OKAWA
大川隆法

まえがき

良くも悪くも、京極純一《きょうごくじゅんいち》先生は、私を「日本政治への関心」に導いて下さった方である。もうすぐ四十年にもなろうかという歳月《さいげつ》をへだてて、再びその謦咳《けいがい》に接することができて、感無量《かんむりょう》である。今回も息子の一人に恩師を紹介《しょうかい》できたようで、自分の思想のルーツの一つを明かせたような気がする。

このまえがきを書くにあたって、先生のご生前の著書を読み返してみた。授業で聞き覚《おぼ》えのある言葉にも数多く出会ったが、ノートを取りながら、その用語に反発や批判の気持ちを抑《おさ》えられなかった言葉の一つ一つにも懐《なつ》かしさを感じた。「何とかしてこの国を変えてやろう」と志していた若き政治学徒も、いつしか当時の恩師の年齢を超えてしまった。

『怨霊《おんりょう》の政治学』とでも称すべき本書は、京極先生の講義としては白眉《はくび》の一書であり、たぶん最高傑作《さいこうけっさく》だろう。
恩師のご冥福《めいふく》を祈りつつ、日本の未来を照らすことができることを願っている。

二〇一六年　二月十七日

幸福《こうふく》の科学《かがく》グループ創始者兼総裁《そうししゃけんそうさい》
幸福実現党総裁《こうふくじつげんとうそうさい》　大川隆法《おおかわりゅうほう》

公開霊言　元・東大教授　京極純一「日本の政治改革」最終講義　目次

まえがき　1

公開霊言《れいげん》　元・東大教授　京極純一《きょうごくじゅんいち》
「日本の政治改革」最終講義

二〇一六年二月十三日　収録
東京都・幸福の科学　教祖殿《きょうそでん》　大悟館《たいごかん》にて

「霊言現象《れいげん》」とは、あの世の霊存在の言葉を語り下ろす現象のことをいう。これは高度な悟《さと》りを開いた者に特有のものであり、「霊媒現象《れいばい》」（トランス状態になって意識を失い、霊が一方的にしゃべる現象）とは異なる。

なお、「霊言」は、あくまでも霊人の意見であり、幸福の科学グループとしての見解と矛盾《むじゅん》する内容を含《ふく》む場合がある点、付記しておきたい。

公開霊言《れいげん》　元・東大教授　京極純一《きょうごくじゅんいち》
「日本の政治改革」最終講義

二〇一六年二月十三日　収録
東京都・幸福の科学　教祖殿《きょうそでん》　大悟館《たいごかん》にて

京極純一《きょうごくじゅんいち》（一九二四～二〇一六）

政治学者。京都府生まれ、高知県《こうち》出身。東京帝国《ていこく》大学法学部卒業後、大学院特別研究生、同大講師を経《へ》て、一九六五年、法学部教授となる。統計学や数量分析《ぶんせき》の手法を用いて選挙や世論、政治意識を研究し、「政治過程論」へと発展させた。東大退官後、八四年に千葉《ちば》大学法経学部教授、八八年に東京女子大学学長を歴任。紫綬《しじゅ》褒章《ほうしょう》、勲《くん》二《に》等瑞宝章《とうずいほうしょう》受章、文化功労者。主著にベストセラーとなった『日本の政治』等。

質問者

大川裕太《おおかわゆうた》（幸福の科学常務理事　兼《けん》　宗務《しゅうむ》本部総裁室長代理

　兼　総合本部アドバイザー　兼　政務本部活動推進参謀《さんぼう》　兼　国際本部活動推進参謀）

綾織次郎《あやおりじろう》（幸福の科学常務理事　兼　「ザ・リバティ」編集長　兼　ＨＳＵ講師）

森國英和《もりくにひでかず》（幸福実現党党首特別補佐《ほさ》）

［役職は収録時点のもの］

1　京極純一《きょうごくじゅんいち》・元東大教授を招霊《しょうれい》する

死後、私のもとを訪《おとず》れた東大時代の恩師

大川隆法　昨日《さくじつ》（二〇一六年二月十二日）の夕刊に、「元東大法学部教授の政治学者、京極純一《きょうごくじゅんいち》先生が亡《な》くなられた」というニュースが載《の》っておりました。二月一日に亡くなられていたらしいのですが、発表されたのが遅《おそ》かったため、十二日に載ったようです。その夕刊を読んだところ、そのあとで（京極氏の霊《れい》が私のところに）お出《い》でになりました。

しかし、さほど強い念波《ねんぱ》は発しておられなかったので、「挨拶《あいさつ》で終わりかな」と思い、「一晩《ひとばん》、待とう」と思っていたのですが、今朝《けさ》になってもおられたわけです。そこで、「これは最近の恒例《こうれい》行事で、（亡くなった方は）みんな出てきて霊言《れいげん》をされ

るので、しないとなかなか許してはいただけないのかな」と思い、お忙《いそが》しいなか、たいへん申し訳ないながら、（質問者、聴衆《ちょうしゅう》に）お集まりいただきました。

ただ、当会としても、今、政治の勉強の必要はあるので、何らかのヒントを得られたらと思います。

また、私自身も明後日《あさって》に講演会があるので（注。本収録の二日後の二〇一六年二月十五日に、東京・TＫＰガーデンシティ品川《しながわ》において、「世界を導く力」と題する講演を控《ひか》えていた）、（霊言収録には）あまり乗り気ではなかったのですが、「あるいはヒントになるようなこともあるかもしれない」というようには考えています。

京極純一先生は、「九十二歳《さい》で、老衰《ろうすい》で亡くなられた」とのことですが、私の恩師たちは、みな、けっこう長生きです。篠原一《しのはらはじめ》先生も、去年の終わりぐらいに九十歳で亡くなられていますが、京極先生も九十二歳ですから、だいたいそのあたりまで生きてい

『平和学入門　元東大名誉教授・篠原一　次代へのメッセージ』
（幸福の科学出版刊）

る方が多いようです。けっこう、みなさん、平和に暮らして、長生きできるのかもしれません。

さて、京極先生については、ちょこちょこと、いろいろなところで触《ふ》れたことはあるのですが、直接名前を出していないことが多かったでしょう。

（『太陽の法』〔幸福の科学出版刊〕を掲《かか》げながら）例えば、『太陽の法』第6章「エル・カンターレへの道」（三四三〜三四四ページ）にも、「一方、『政治学』の方も、柳田國男《やなぎたくにお》の民俗学《みんぞくがく》や山本七平《やまもとしちへい》の日本人論をとり込《こ》んで『政治過程論』を講義する、ある教授の理論性のなさに失望しました」と二行ほど書いてあります。実は、これは京極純一先生のことなのです（笑）。まことに申し訳ないのですが、出てくるときは、たいてい、あまりいい話ではありません。

あるいは、「『十七年に一回しか本を書かない』と自慢《じまん》している教授」と書いたのは、この人のことです（『公開霊言 山本七平の新・日本人論 現代日本を支配する

『太陽の法』
（幸福の科学出版刊）

「空気」の正体』（幸福の科学出版刊）等参照）。私としては、「こんなことを繰《く》り返し言うな」と思ったのですが、京極先生は授業で、「私は十七年に一回しか（本を）書きません」などと言っていました。もしかしたら、「希少価値がある」と言いたかったのかもしれません。

なお、いつも、「遅筆《ちひつ》でして」と言ってもいたのですが、そういうのは「遅筆」とは言わないでしょう（笑）。私は、「あまり働く習慣がないだけなんじゃないか」などと、ずいぶん失礼なことを考えていたので、申し訳なかったなと思っています。

また、教養学部の授業は九十分授業が多かったのですが、法学部の専門科目では百十分授業になります。ただ、演壇《えんだん》に立って百十分も話をするのは、やはり長いですね。自分も、今の仕事をやってみてよく分かったのですが、二時間近く立って話をするのは、けっこう大変なことです。もちろん、座《すわ》って話をすると、大教室などでは聞こ

『公開霊言 山本七平の新・日本人論 現代日本を支配する「空気」の正体』（幸福の科学出版刊）

えにくいこともあるので、立って話をするわけですし、板書《ばんしょ》をしたりすることもあるわけです。やはり、ノートを取れないこともあるので、板書をしたりもするのでしょう。

それで、百十分授業のときだったと思いますが、（授業の）最初に、「私は長時間の授業をやったあと、質問を聞いてお答えするほど体力がございません。したがって、授業が終わったあとの質問は受け付けません」と言ったので、私は、「何という怠《なま》け者だ」と思ったのです（笑）。申し訳なくも、本当にそう思っていました。

ところが後年《こうねん》、自分でもやってみたら、「百十分話したあとで、学生がたくさん来て質問をされたら、きついだろうな」とは思います。やはり、やってみないと分からないものですね。当時は、「大学の先生というのは暇《ひま》なものだ」と思っていましたが、週二回ぐらい授業をして、一回ぐらいゼミをやっていることが普通《ふつう》のパターンなので、けっこう体力は要《い》るのだということが分かりました。

もちろん、ノートがあって、毎年、だいたい似たような授業をしていましたから、内容について苦しむことはなかったのかもしれません。「毎回、オリジナルな話をしなくてはいけない」というほどのことはなかったでしょう。

非常に特徴《とくちょう》的だった京極氏の政治学

大川隆法　さて、私としては、おそらく、京極先生の授業が、最初に聞いた政治学の授業ではないかと思います。ただ、今、（本人の霊が）来ており、あまり変なことを言って怒《おこ》られても嫌《いや》なので、言葉を選ばなくてはいけないものの、「うーん、これは本当に政治学か？」と思ったというのが率直《そっちょく》な感想です。

要するに、「日本文化論」とか、「日本人論」とかいう感じで、「日本の風土」といったことを一生懸命《いっしょうけんめい》に言いながら、「それが日本的政治に、どのように影響《えいきょう》しているか」というようなことをよく話されていました。

そのため、山本七平や柳田國男も出てきたし、ほかにも映画評論家の佐藤忠男《さとうただお》（著書に『長谷川伸論《はせがわしんろん》』などがある）という人の話もよくしていたのです。

ただ、「本当に、こうしたものを政治学の文献《ぶんけん》として使っていいのだろうか」という感じはありました。例えば、山本七平は、イザヤ・ベンダサンという名前を出していましたが、面白《おもしろ》いことは面白いものの、「こういう日本人論を政治学のテキストとして使えるのかどうか」という感じは、やはり持ったのです。

また、一年間、授業を聞いてノートを取りましたが、読み返してみると、「なんだ、こりゃ？」という感じがありました。いろいろな話が出てくるのですが、「これが政治学かなあ……」と思うわけです。

ところが、（三男の）裕太《ゆうた》（東大法学部在学）に訊《き》いてみても、駒場《こまば》（東大教養学部）のほうには、こういう〝文化人類学の親戚《しんせき》〟のような政治学が残っているようなのです。これでは、もう少しで〝水木《みずき》しげる〟が出てきそうな感じの政治学ですが、こうしたものをやっていました。

例えば、「政治とカネ」の話でも、日本の文化や、いろいろな風習に事寄せて話をすることもあるのですが、その意味では、大学生になって、いわゆる「社会人になるための教養」を教えてくれていたのかもしれません。

ちなみに、京極先生は、大学院で博士号を取られたときには、「投票行動の計量分析《ぶんせき》」といったようなことに取り組まれています。ただ、当時は、まだコンピュータがそれほど使える時代ではなかったと思いますし、東大でも、駒場の時計台（教養学部一号館）の下にコンピュータが一台だけあって、私たち学生は近寄れないような時代でした。そういう意味では、コンピュータを使ったのかどうかは分かりません。ともかく、投票に関して、今であればテレビなどでよく見るように、グラフに書いたりして分析していますが、そうしたものの走りのようなことをやったらしいのです。

そのように、東大の先生になるための最初の研究は、統計的手法を駆使《くし》した政治分析であったようであり、もしかしたら数学等がお得意だったのかもしれませんが、授業についてはまったくそういうものはなく、〝民俗学〟的な雰囲気《ふんいき》のある授業が多かったと思います。

なお、私の青春時代の政治家は、よく新聞の見出しにも出ていましたが、「三角《さんかく》大福《だいふく》」というものでした。「三《さん》」とは、徳島《とくしま》出身の三木武夫《みきたけお》です。「角《かく》」とは、田中《たなか》角栄《かくえい》で、「大《だい》」は大平正芳《おおひらまさよし》、「福《ふく》」は福田赳夫《ふくだたけお》です。三角大福の時代とは、このあたりの四人が権力闘争《とうそう》を繰り返していた時代で、そこに、中曽根康弘《なかそねやすひろ》を加えて、「三角大福中《ちゅう》」と言う場合もあります。

また、その後、中曽根内閣ができたときには、「田中角栄の影響を裏から受けている」ということで、「直角《ちょっかく》内閣」などと書かれていた時代でもありました。

いずれにせよ、こうした方々が現役《げんえき》でやっていた時代です。

おそらく、京極先生も、自民党系のブレーンで呼ばれていたとは思いますし、篠原一先生も、私がゼミに出ていたときには、三木内閣のブレーンになっており、三木総理に呼ばれて（私も）相談を受けたりしていたこともありました。

ただ、相談といっても、（徳島出身の私への）ほとんどは徳島の県民性についてのものだったと思います。そのため、「三木さんが、こういうふうに言ったけど、これはどういう意味なんだ?」といった感じで訊かれることもありました。

さらに、学生時代に、本郷《ほんごう》の五月祭を見に行ったところ、時計台の下に、若き日の……というか、若くもなかったですが、自民党幹事長をしていた中曽根康弘が来ていました。ただ、当時は学生で、「メイクする」ということが分からなかったこともあり、中曽根さんの顔に〝てかり〟があってテカテカ光って輝《かがや》いているのを見て、「うわあ、すごいなあ。やっぱり政治家っていうのは輝いているものなんだ」などと思ったのです。今考えてみると、あれはメイクをしていたのでしょうが、学生には分かりませんでした。やはり、女性がするのはまだしも、男がメイクをするのは想像がつきません。中曽根さんは、五十過ぎだったと思うのですが、顔に輝きがあったので、「幹事長というのは、やっぱり後光《ごこう》が出ているみたいな感じなんだな」と思ったことを覚えているものの、これは誤解であったろうと思います。

ともかく、そのような時代ですが、京極先生には、「政治過程論」を教わりました。これは、政治の成立過程、プロセスのようなものをいろいろ教えてくれたので、学生としての教養になるようなことも、ずいぶん言ってくれたのだとは思っています。

京極氏の授業に関する思い出

大川隆法　（京極先生の）トレードマークは丸い黒眼鏡《めがね》でした。それは、昭和三十年ぐらいのものだと思いますが、「これが壊《こわ》れたら代わりのレンズがない」ということで、非常に大事にしておられました。ちょうど、手塚治虫《てづかおさむ》がかけていた眼鏡のようなものをしていたのですが、「落としたり、ぶつけたりしたら、もう代わりがない」ということで、眼鏡をいつも守っておられたように思います。

また、時間には厳格でした。いつも、駒場の九百番教室なのですが、授業は八時半ぴったりから始めるので、八時半ちょうどには、内鍵《うちかぎ》を全部閉《し》められてしまうのです。一分でも遅《おく》れたら学生は入れないため、朝一の授業などは厳しく、入れない人が出ていました。もちろん、「人が話しているのに、あとから入ってくるのは失礼だ」というのは、おっしゃるとおりだと思いますが、遠いところに住んでいる学生には、きつかったかもしれません。

ちなみに、私はたまたま、井《い》の頭《かしら》線の沿線に住んでおり、大学まで十五分で行けたので、遅刻するようなこともなく、全部出られてはいました。

ただ、それでいて、「終わったあとの質疑応答を許可しない」ということだったので、私は、「前のほうの席に座って野次《やじ》を飛ばして答えさせる」という〝悪い手法〟を編《あ》み出しました。そういう、「国会」のようなことをやったわけです。

今も国会で、一年生議員が前でワーワー言いながら、「ちゃんと話をしろ！」とか言うと、「今、話してるじゃないですか」というような会話をしていますが、ああいう感じでした。

例えば、京極先生が、「私の本のここには、こういうことが書いてあります」と言うと、「本の宣伝をするなよ」と言い、それで先生が、「いいえ、『私の本を買え』と言っているわけではありません」などと答えたりするような（笑）、やや〝怪《あや》しげ〟なことをよくやっていたわけです。本当に恥《は》ずかしい次第《しだい》ですが、気に食わないことを言われたときには野次を飛ばしていたようなことがあって、まことにすまなく思っています。

大川裕太　（笑）

大川隆法　また、「金権政治に関して、京極教授が『お金は潤滑油《じゅんかつゆ》だ』と授業で言っていて、おかしいと思っていたが、後《のち》ほど、NHKの座談会に出たときに、それを司会者に突《つ》っ込まれて、そのあと、黙《だま》ってしまった」というようなことを述べたこともありました（前掲《ぜんけい》『公開霊言 山本七平の新・日本人論 現代日本を支配する「空気」の正体』参照）。悪い話ばかりで、いい話をしなかったことを申し訳なく思っています。

東大生に〝生きるための哲学《てつがく》〟を説いていた京極氏

大川隆法　もちろん、いい話もあります。

　例えば、「文Ⅰに入った人は、毎年一人は死ぬので、君たちは死なないようにしなさい。一番だけが人生じゃないんだ」というような〝生きるための哲学《てつがく》〟を説いてくださっていました。

「文Ⅱや文Ⅲの人は一人も死なない。文Ⅰだけが毎年一人自殺する。これは、考え方に違《ちが》いがあるんだ。文Ⅰの人はみんな、『地方の高校で一番だった』という人ばかりで、一番に慣れているので、あまりにもひどい成績を取ると、もう、目の前が真っ暗になって、先のことを悲観して死んでしまいたくなるんだけど、それは、やはり、考え方に違いがあるんだ。文Ⅱ、文Ⅲに行っている人たちは、一番じゃないから平気なんだ。成績がよくなくても、そういうふうに気楽に生きているやつらもいる」という話をして、「考え方を変えなさい」というようなことを言っていたのは覚えています。

ほかに役に立ったこととしては、「君たちは、これから実社会に出て、結婚《けっこん》するかもしれない。なかにはお見合いの人もいるだろうから言っておくけども、お見合いを断る場合、向こうから『お断りです』とは言ってこないから、知っておいてください」というような話でしょうか。まあ、これが政治学かどうかは知りません。

「いい話はすぐ来ます。ＯＫの場合には返事が来ます。ＮＯの場合には返事が来ませんから。だけど、東大の卒業生はみんな本当に律儀《りちぎ》で、ずっと返事を待っている。『まだ考えているのかな。相談しているのかな』と思って、一週間、二週間、一カ月と、ただただ待ち続けているんですよね。こういうところがかわいそうなので、あらかじめ言っておきます。

悪い話のときには、返事をできるだけ遅らせるんです。遅らせているうちに、相手が諦《あきら》めることもあるから。『駄目《だめ》なのかなあ』と思ったころに返事が来る場合もありますけれども、返事がそのまま来ないこともあるんです。

だから、いい話には返事がすぐに来ますが、悪い話だとすぐには来ませんから、お見合いをしたのに、『一週間たっても何も言ってこないな』と思ったら、それは断られたということだから、よく考えてください。言葉に出して言ったら相手が傷つくので、あえて言わないんです。『返事をしない』ということが返事なんです。そういうことを知らずに、一生懸命、返事を待っているような、純粋《じゅんすい》な、純情な方がいるので、いちおう申し上げておきます」

そういうことも言ってくれましたし、ほかにはこんな話もありました。

「ときどき、無賃乗車したりキセル乗車したりとかで、渋谷《しぶや》駅あたりで駅員に捕《つか》まるやつが出てくるけど、そういうときに、駅員に向かって、『自分は東大の学生なんだ。おまえなんか高卒だろう？』みたいな感じで偉《えら》そうに言ったら、引っ張っていかれて、パトカーを呼ばれたりして、お灸《きゅう》を据《す》えられることになるんです。

そういうことで捕まったときには、素直《すなお》にちゃんと『ごめんなさい。私が悪うございました』と言ってから学生証を見せたら、向こうも、『ああ、東大の学生か。

まあ、前途《ぜんと》もある人だし、傷つけちゃいけないかな。今回はこれで見逃《みのが》してやるから、今後はしないように』と言うぐらいで放してくれるから、偉そうに言うんじゃないですよ。そういうときには、ちゃんと謝《あやま》って、シュンとしていたら、解放してくれる。偉そうに突っ張って、『自分が国鉄に入ったら、おまえなんかこき使ってやる』みたいなことを言ったら、絶対、パトカーを呼ばれますからね。こういうことを知らない人が多いので困るんです」

そのような感じで、いろいろな〝人生哲学〟など、瑣末《さまつ》なこともたくさん教えてくれたので、そういうものも自分の体の一部にはなっているのかなと思ったりもします。

現代日本や、これからの政治についての意見を訊《き》く

大川隆法　それから、京極先生は、不思議に、「十七年に一回しか本を書かない」と繰り返し言っていたのを覚えています。

私などは、ある意味で、それに対抗《たいこう》して、毎週、本を出しているような状況《じょうきょう》ではあるのですが、どちらがよかったのかは分かりません。

〝省エネ〟で本を書いた方のほうは、九十二歳に老衰で亡くなるまで生き、紫綬《しじゅ》褒章《ほうしょう》をもらえたり文化功労者になられたりするなどして、偉くなられているわけですが、やはり、あのように〝省エネ〟で生きたほうが長く平和に生きられるのかどうかについては、ちょっと分からないところではあります。

いずれにせよ、よきにつけ、悪しきにつけ、影響を受けた先生です。東大退官後、東京女子大の学長もなされたようです。

政治学全般《ぜんぱん》についてお詳《くわ》しいでしょうが、特に、「日本の政治」については詳しいと思われます。

そこで、今の日本の政権についての意見や、どうおっしゃるかは分かりませんが、幸福実現党等について何かご意見を下さるかもしれないので、訊《き》けるようでしたら訊いてみたいと考えています。

体力がないことも自慢にしていたような感じがあるので、今日は、篠原一先生の霊言のとき（二〇一五年十一月五日収録。『平和学入門　元東大名誉《めいよ》教授・篠原一　次代へのメッセージ』〔幸福の科学出版刊〕参照）と同じように、揺《ゆ》り椅子《いす》でのご登場にさせていただきます。

では、前置きとしてはそんなところでよろしいでしょうか。

私は、直接に授業を聴《き》きはしたものの、こちらが好印象を持っていなかったということは、向こうも持っていなかった可能性もあるので、どのように見えるかは分かりません。

京都市生まれで高知《こうち》県育ちとのことなので、文化圏《けん》的には意外に私と近いのですが、どうなのでしょうか。どのような本音を持っておられるのでしょうか。

すでに、東大を退官されてから三十年ほどたっているので、かなり忘れ去られてきているかもしれませんが、みなさんが比較《ひかく》的勉強しにくい「現代政治」のあたりの復習を兼《か》ねて、現在の政治、これからの政治を考える材料にはなるのではないかと思っています。

元・東大教授の京極純一氏を招霊《しょうれい》し、「最終講義」を賜《たまわ》る

大川隆法　それでは、よろしくお願いします。

（手を一回叩《たた》く）元・東大教授、京極純一先生の霊《れい》よ。

最近亡くなられたと思いますが、今日は、「日本の政治改革」についての最終講義ということで、何かご講義賜《たまわ》れれば幸いかと思っています。

京極純一先生の霊よ。

どうぞ、幸福の科学 教祖殿《きょうそでん》に降りたまいて、私たちに、政治にかかわるアドバイス、ご意見等を下さればありがたいと思います。

よろしくお願い申し上げます。

（約五秒間の沈黙《ちんもく》）

2　日本における「政治と学歴」について語る

「東大の教授が幸福の科学で霊言《れいげん》をすると、もう一段の格がつく」

京極純一　うーん……。あ、京極です、うん……。

大川裕太　こんにちは。

京極純一　うーん……。

綾織　京極教授がお亡《な》くなりになって、十二日ぐらいたつかと思います。

京極純一　うん、最近、何だかねえ、うーん……、「もう一つ〝会合〟ができている」ってねえ。東大教授で、「ここ（幸福の科学）に呼ばれて霊言《れいげん》を出したか出さないか」というあたりで、ちょっと、何か、〝もう一つのアカデミー〟ができ始めて……。

綾織　アカデミー？

京極純一　うんうん。ここに出ると、やっぱり、もう一段の格がついて、〝名誉《めいよ》・名誉教授〟みたいな感じになる。「出なかった人は、無視された」という感じの、何か、そういうのがあるようなので。

綾織　ああ、なるほど（笑）（会場笑）。

京極純一　今、いろいろ説明はあったけど、私も、ちょっと、一言《ひとこと》ぐらい言う権利はあるのかなあとは思ったんですがねえ。

綾織　なるほど。

実は、幸福の科学の書籍《しょせき》への出演回数が多い京極氏

綾織　本日は、「『日本の政治改革』最終講義」という題になっています。

京極純一　ああ……。

綾織　日本の政治は非常に分かりにくいところがあります。それをいろいろな角度から分析《ぶんせき》すると、おそらく日本人論や、ほかにもさまざまなものに展開していかざるをえないのではないかと思いますので、ぜひ、そのあたりについて、お教えを頂

ければと思っています。

京極純一　うーん……。

（大川裕太に）ああ……、（大川隆法の）息子《むすこ》さんか。

大川裕太　はい。そうです。

京極純一　うーん……。よう似ているじゃないか。

大川裕太　ありがとうございます。

アカデミズムの世界のなかで生きていますと、いろいろな教授がいらっしゃるんですけれども、京極先生のように、ある種、文学部的な方は、法学部ではけっこう珍《めずら》しいのではないかと思います。

京極純一・元東大教授の霊に質問する、現役東大法学部生の大川裕太（左から２人目）。

京極純一　うーん……、まあ、そうかなあ。

大川裕太　僕《ぼく》が、京極先生に近い雰囲気《ふんいき》を感じたのは、●苅部《かるべ》直《ただし》先生あたりでしょうか。

京極純一　苅部君ねえ。

大川裕太　はい。（本を掲《かか》げながら）京極先生の『和風と洋式』という本は、東大出版会のＵＰコレクションから改訂《かいてい》版として出ているものです。

京極純一　まだ出てるのか。うーん、そうか。

●苅部直（1965〜）　政治学者、東京大学教授。専門は日本政治思想史。著書に『丸山眞男――リベラリストの肖像』『鏡のなかの薄明』等がある。

大川裕太　はい。

京極純一　古い本か。

大川裕太　いいえ。これは新しく書店で売っていました（『増補新装版　和風と洋式』は二〇一三年発刊）。

京極純一　昔はそう……、もうちょっと、表紙が黄色い表紙で出ておったんだがなあ。

大川裕太　はい。こちらは、苅部先生がコメントを付けてくださったような感じの本でした。

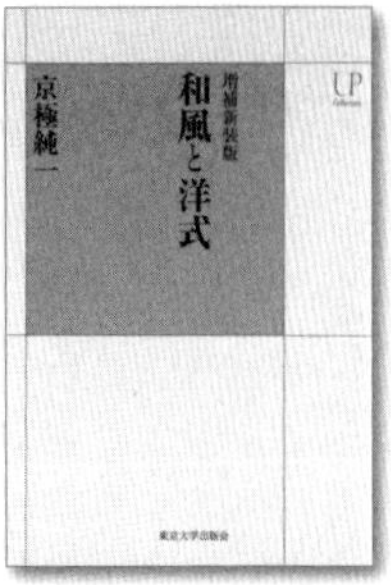

京極純一著『和風と洋式』
（東京大学出版会刊）

京極純一　うーん、まあ、そうだねえ、彼なんかが近いのかなあ、教えとしてはね。

大川裕太　はい。私が生まれる前に、京極先生はもうすでに東京大学教授を退官していらっしゃったので、直接、京極先生の授業は聴《き》いていないのですけれども……。

京極純一　いや、東京大っていっても、「本を出さない」というのはずいぶん言われてたけど。

そうは言ったってねえ、毎年、（授業で）ノートを読み上げなきゃいけないからねえ。（本を）出しちゃったら、もう（ノートを）読めなくなるじゃないですか。

大川裕太　（笑）

京極純一　そうしたら、もうみんな授業に出てこなくなるからさあ、出さないんですよ。

いやあ、日本の政治に関係があることだったら、もう何でもいいんですよ。

大川裕太　そうですね。京極先生は、大川隆法総裁の御著書《ごちょしょ》にも、けっこう〝ご出演〟されているといいますか……。

京極純一　そう……（照れくさそうに軽く頭を叩《たた》く）。

大川裕太　篠原《しのはら》先生と並んで、〝出演〟頻度《ひんど》がかなり高くなっていらっしゃるように思うのですけれども（笑）。

京極純一　うーん……、あんまりよくないねえ。よくないねえ。そういう「よくない例」で出すのはよくないねえ。うーん、東大の没落《ぼつらく》がもっと加速するんじゃないかなあ。

大川裕太　いえいえいえ。

「日本の政界」と「ゲゲゲの鬼太郎《きたろう》の世界」は大して変わらない

大川裕太　でも、少し思ったのは、やはり、今は、京極先生がいらっしゃった時代よりも、さらに「政治学の科学化」が進んできているといいますか、アメリカ発の行動論政治学とか、あのあたりのポリティクス（政治学）をサイエンス（科学）として扱《あつか》おうという流れがかなり強くなってきたような感じがしています。最近は、まるで、計算や数式などの科学的なもので政治を分析できるような学問的な潮流《ちょうりゅう》が非常に強いのではないかと思うのです。

京極純一　うん。いや、そういうところもあるし、若いころは、私も、数量系の分析みたいなのも、最初はちょっとやりましたけどねえ。

でも、ずっと研究していくとねえ、結局のところは、「日本の政界」と「ゲゲゲの鬼太郎《きたろう》の世界」は、そう大して変わらないんじゃないかということは……（笑）。

やっぱり、本質は一緒《いっしょ》なんじゃないかと思えてき始めたね。

大川裕太　（笑）

京極純一　一緒なんじゃないかなあ。妖怪《ようかい》の動きと政治家の動きはそんなに変わらないようには見えるねえ、うーん。まあ、科学的かどうかは知らんがねえ、うーん……。ポリティカル・サイエンスなのかなあ。

綾織　そのあたりについて、京極先生は、「タテマエとホンネ」や「根回《ねまわ》し」などの言葉を使いながら説明をされていますが。

京極純一　そう、根回しね。はい。

京極氏から見た安倍《あべ》政権とは？

綾織　幸福の科学では、「正義が大事だ」ということで、「正しさ」を打ち出しているんですけれども、日本の政治はある意味、それとは対極の原理で動いてきていて、その部分は、基本的には、今も昔も、田中角栄《たなかかくえい》元総理の時代からそれほど変わらないところなのではないかと思います。

そういう観点から、今、安倍《あべ》政権をどのようにご覧になっているのかということから、お伺《うかが》いしたいのですが。

京極純一　まあ、スタイルとしては……、それは、（祖父の）岸《きし》（信介《のぶすけ》）さんを見習いたいとは思っているんだろうけど、実質上、中曽根《なかそね》政権みたいな感じの、何？　大統領型の政治みたいなのをやりたいというふうに思っているんじゃないかねえ。まあ、そんなふうに見えるけど。

安倍さんが、そんなに根回しがうまいとは、やっぱり思えないけどね。

綾織　うーん。

京極純一　ただ、「お友達内閣」って言われてるようにねえ、自分が信用してる人との仲良しではやるけど、それ以外についてはすごい警戒《けいかい》はしているのかなあ。まあ、特に目立つのは、「根回し」と言うべきかどうかは知らんが、マスコミのほうの懐柔《かいじゅう》を一生懸命《いっしょうけんめい》やっとるわなあ。このへんが、うーん……、どうなんだろうかねえ。普通《ふつう》、政治家から懐柔される場合は、マスコミはすごい警戒をするものなんだけど、みんなが知っていて、けっこうやってるので。

まあ、あのへんは、〝三代目ボンボン〟の、そういう慣れみたいなものがあるのかねえ。そういう怖《こわ》さがないっていうか、マスコミ慣れしてるところもあるのかねえ。

いやあ、「政治」と「学歴」も一つの分析対象にはなるけど、あの学歴で首相になって、二回も登板して、長期政権に入ろうとしてるというのは、まことに珍しい。私らの時代の分析だと、「首相っていうのは、日本では二回はないんだよ」っていう。一回降りて、もう一回待望論があっても、もう一回は出てこられないのが普通で。

田中角栄なんかでも、「角栄待望論」はやっぱり起きましたよ。いったん待望して、強烈《きょうれつ》なインフレを起こして、バブルで、あと、「トイレットペーパー騒《さわ》ぎ」とか、「オイルショック」か何かが重なって、退陣《たいじん》したけど。しばらくしたら、田沼《たぬま》政治みたいなもので、「もとの濁《にご》りの田沼恋《こい》しき」みたいな感じでさあ、「あんまり三木《みき》政治風の清廉《せいれん》な政治ばっかりやられても、庶民《しょみん》の暮らしがよくならないんじゃあ、やっぱり困る」と。

角栄さんみたいに、「新潟《にいがた》三区から三国峠《みくにとうげ》をぶち抜《ぬ》いて、トンネルをつくったら、冬でも雪のなかでも東京に出られますよ」と。「三国峠をぶち抜いて掘《ほ》り出した土は、海に捨てて、佐渡島《さどがしま》まで陸続きにすりゃあいいんです」みたいな壮大《そうだい》なこと、土建屋《どけんや》の社長みたいなことを堂々と言えるような政治家は、今は少ないわね。だけど、面白《おもしろ》いわなあ。

そのころは、そういう〝高等小学校卒の土建屋のオヤジ〟が、福田赳夫《ふくだたけお》みたいな東大法学部首席と政権を争ってる、まことに奇っ怪《きっかい》な状況《じょうきょう》は出てて。国民の人気としては、まあ、どっちがどっちか分からないところもあったなあ。

だから、安倍さんなんか、「二回目待望論」は一部の保守言論人にはあったんだと思うけど、本当に復活するとは思ってなかったかもしれない。

でも、とりあえずは、今の政治状況から見れば、単に（ほかに）適材がなければ、よかったのかなあとは思ってるけどねえ。

日本の政治・経済を覆《おお》っている「〝祟《たた》り神政権〟の祟り」

大川裕太　京極先生は、ドーア教授の『学歴社会　新しい文明病』とかも、けっこう引用されたりしつつ、日本の教育論について話をされていたと思います。

「小学校、中学校、高校などの教育はあるけれども、それは学歴をつけるだけの装置になっている。いわゆる、『七五三の法則』といって、小学校を卒業した人で、小学生の知識をしっかりと持っているのは七割ぐらい。中学を卒業した人のうちで、本当に中学の知識を身につけているのは五割ぐらい。高校を卒業した人のうちで、高校生の知識を本当に身につけているのは三割ぐらいだ」ということでした。「実際は卒業証書を出すだけのシステムになっていて、この世は学歴社会なのだ」というような話もされていたと思います。

京極純一　うーん、うん。

大川裕太　「アカデミズムから見た教育界への諦《あきら》め」というか（笑）、そういうあたりにもご関心はあられたのかなと、ご著書を読んでいて感じました。

京極純一　いやあ、学生の政治運動なんかも、昔もやってましたけどね、ずいぶんね。そして、アジ演説をやってるよねえ。東大の学生なんかもやって。

それで、民主主義なんかも語ったりするし、「庶民は」とか言ってるけど、「君らは庶民なのかね？　庶民じゃないのかね？」という質問をされると、東大の学生たちは、「われわれは庶民ではない」とだいたい思ってるのが多くてね。「われわれは庶民じゃないんだ。エリートなんだ。庶民とは別なんだ」というふうに考えている、個人的にはね。個人に訊《き》けば、そういうふうに言っているけど、それが民主主義を語っているみたいな、変な時代ではありました。

まあ、この学歴信仰《しんこう》が、「末《すえ》は博士か大臣か」っていうようなこともよく言ったけど、そういうのが、ちょっと気風的には残っていた時代ではあるのかなあ。

今は、さすがにねえ、宮澤喜一《みやざわきいち》さんと鳩山由紀夫《はとやまゆきお》さんの〝破壊力《はかいりょく》〟は大きかったね。いやあ、そうとう大きいね。「もしかしたら、本当に大学の偏差値《へんさち》そのものが、蜃気楼《しんきろう》と化して消えていくかもしれない」っていう。鳩山由紀夫さんが総理をしなければ、〝鳩山家の秀才信仰《しゅうさいしんこう》〟なんて、いまだに讃《たた》えられてるだろうにね。「五代続いての東大」とかいったら、「よっぽど頭がいいんだな」と、みんなが思うじゃない。ねえ？

だけど、政治をやらせてみたら、「これより下の政治ができるのか」っていうぐらい、すごかったですからねえ。う～ん、ちょっとさみしいねえ。いや、別に宗教嫌《ぎら》いなっていうわけじゃありませんけどね。

昔は（東大は）政治家なんかもたくさん輩出《はいしゅつ》したんだけれども、今は力量のある政治家も輩出できなくなってきていてねえ。

まあ、宮澤さんが東大バッシングみたいなのもやられて、「自分ができない」って言うのは嫌《いや》だから、「ほかのやつが悪い」ということで、役人叩きしたり、いろいろしたのも大きかったし。

やっぱり、現状を見るかぎり、宮澤政権あたりを中心にした〝祟《たた》り神政権〟による祟りが、日本の政治・経済を二十年間覆《おお》ってるというふうには思うんじゃないかなあ。

だから、〝お祓《はら》い〟をしなきゃいけない、たぶんな。〝お祓い〟しなきゃいけないんだよ。

3　日本の「政治」と「ムラ社会」の関係

日本の政治の原型にある「ムラ社会」

大川裕太　僕《ぼく》は京極先生の本を読んで、びっくりしたことがあります。それは、政治と霊的《れいてき》な世界のつながりを、教科書のなかでおっしゃっているところです。「日本というクニは、そもそも建国以来、霊力や呪術《じゅじゅつ》を背景として持つ。そして、現代の日本においても、霊力や呪術などは、政治分析《ぶんせき》の対象として重要なものである」というあたりが、非常にびっくりしました。

〝祟《たた》り神政権〟というお話もありましたけれども、今の日本の政治状況《じょうきょう》には、霊的に、あるいは日本人の国民性、国民倫理《りんり》として、分析できるものもあるのでしょうか。

京極純一　まあ、あと三十年ちょっと若くて、もし現役《げんえき》でやってたら、当然、私の「政治過程論」のなかには、幸福の科学と幸福実現党の分析は入ると思うなあ。たぶん、分析する対象にはなると思う。正しいかどうかは知らんけど、面白《おもしろ》いことを言っているとは思うんでなあ。

いや、だから不思議なんだよねえ、このへんが。みんな学問として憲法とかを教えていて、天皇制なんかも教えていて、日本共産党まで、天皇制はいちおう公式的には支持するようなことも言ってはいる。だけど、天皇制の根拠《こんきょ》は、日本神道《しんとう》の信《しん》仰《こう》があって、それを、ある意味での国教として認めているということなんだろうと思うんだよ。

ただ、「このへんを学問的にいかに理路整然とごまかすか」っていうことが、大学の学問なんだよね。法学、政治学系はね。

だから、本当は「祭政一致《いっち》の政治学」なんだろうけど、それをそう見せないで、科学的に分析してみせる技《わざ》が競《きそ》われているわけだなあ。

実際は、日本の政治は「神道イズム」とかなり近いし、日本の神道っていっても、いろいろなものが入り込《こ》んでるからねえ。だから、どうしてもこの分析は要《い》ると思う。

結局ね、政治の原型みたいなのは、「日本のムラ社会」の原型にあって、「ムラ社会」での作法《さほう》や代表の選び方、あるいは祭りだとか、葬式《そうしき》等の穢《けが》れの祓《はら》い方、こういうシステムを研究すれば分かる。

例えば、昔、きだみのるの『気違《きちが》い部落周游《しゅうゆう》紀行』みたいなのがあったよね。「日本のすごい廃《すた》れた村を調べたら、永田町《ながたちょう》でやってるのと変わらないことが、ちゃんと行われている」みたいなのが、いろいろあったと思うけどねえ。

まあ、けっこうそういうところがあるので。外国から見て、日本の政治の分かりにくいところについては、まあ、文化人類学的になるかもしれないけど、「日本のムラ社会」とか、「日本の伝統」とか、こういうものを分析してみないと、どうしてそうなるのかが、要するに、理屈《りくつ》では分からないことがいっぱいある。「なんでそうなるわけ?」っていうのが、どうしても分からないところがあるんだよなあ。

「宗教を無視して、政治の研究はできない」

大川裕太　やはり、そのムラ社会の源流になっているのが、日本人の霊的世界観というか、霊力と呪術、霊能者あたりのことも教科書のなかに入ってきているので、びっくりしました。

ここで、『日本の政治』（京極純一著）という教科書の一節を読ませていただきます。

京極純一　まあ、代表的な本だな、私の。いや、授業でやった講義ノートをまとめたようなものだよ。

大川裕太　そうですね。

「霊力と呪術の信仰が日本の伝統的な神聖コスモスの基本的な素材をなしている。したがって、霊力と呪術のこの信仰から」この日本の政治が説明できると。そして「宇宙のなかに、そして、（人間個々人および集団をふくむ）個別、具体の事象、事物のなかに、何らか霊力（numen）があり、活動している。そして、この霊力と個々人の霊力（魂《たましい》）とは何らか感応、交感、融合《ゆうごう》、直接する。この二点を自明の知識とする人々の数は、神社、仏閣《ぶっかく》の拝礼者《はいれいしゃ》の数から考えると、今日の日本において、決して少なくない」と書かれています。この、「日本の政治の多神教的な状景」とおっしゃられているものを、日本の政治の根底のものとして分析されていらっしゃるんですよね。

京極純一　まあ、大川隆法さんのころにも、私は授業でアニマ（魂、霊魂《れいこん》）の話とかもしたと思うし、いろいろなものを入れて話をしてたよ。

もちろん、そんなのだけではないけど、フロイトなんかの系統とか、あるいは、クレッチマー●なんかの人間の三分類とかで、気質、外見から性格が違うというのもある。

循環《じゅんかん》気質とか、粘着《ねんちゃく》質だとかさ、いろいろあるでしょ？　筋肉質の人と太った感じの人と、痩《や》せ型の人とか、いろいろな体質の人がいるので、それによってどういうふうにタイプが違うかとか、人間のタイプまで含《ふく》めて分類している。

まあ、こんなのも政治学の基礎《きそ》にあるしねえ。

それから、信仰がどういうふうに政治の基底にあって、上の人や人間たちの活動を動かしているかだね。宗教は、新聞やテレビの報道なんかの表には出てこないものだけれども、価値判断や行動様式の何か一つの基準になってる。やっぱり、そういうところはあるんじゃないかねえ。

儒教《じゅきょう》が中国の政治秩序《ちつじょ》や冠婚葬祭《かんこんそうさい》の基本スタイルになっているように、日本の神道の流れや、それに仏教が入った流れは、けっこう大きな影響《えいきょう》を及《およ》ぼしているので、

● E. クレッチマー（1888 ～ 1964）　ドイツの精神病理学者。体格と気質（性格）の関係に着目し、肥満型は躁鬱《そううつ》質（循環質）、痩身型は分裂質（神経質）、闘士型は粘着質（癲癇《てんかん》質）との対応を論じた。

それは勉強しなきゃいけないねえ。

だから、丸山眞男《まるやままさお》先生なんかだって、まあ、あんたがたはどういうふうに言ってるかは知らんけれども、最初は日本の政治の研究で、「江戸《えど》時代の儒教が、どういうふうに日本の政治につながってきているか」というあたりを分析したのが有名なんでねえ。

大川裕太　はい。

京極純一　まあ、みんな大学に入ると古典を読めなくなるから、難しくなるんだけど。そういう儒教の政治文化を勉強しないと、明治から、先の大戦のころの分析が十分にできないというところがあったからねえ。

だから、「忠君愛国《ちゅうくんあいこく》の精神」なんていうのは、儒教のほうも勉強しないと分からないし、仁義《じんぎ》も分からない。

●丸山眞男（1914～1996）　政治学者、東京大学名誉教授。左翼の論客として1960年安保闘争の理論的リーダーでもあった。弟子たちは丸山学派と呼ばれる。

やっぱり、非公式ながら、宗教は政治学の分析の対象の一部だと思うし、それを無視して、ポリティカル・サイエンスとしてだけ……、まあ、力学的にだけ研究できると思ったら間違いはあるよなあ。

だから、福田《ふくだ》（赳夫《たけお》）なんか、当然に首相になれると思っててもですねえ、ちょっと自惚《うぬぼ》れた言葉を発言したら、それで当選しなかったりするようなこともあってねえ。「ときどきは、天の声にも変な声がある」とか何か言ってみたりしたこともあるんで。まあ、「天の声」なんていう言葉を使ったりはするんだけど、「天の声は福田を応援《おうえん》してる」みたいなことを言ってみたら、それが非常に増長してるというか、自我我欲が強いように聞こえて、急に天の声は〝違う人〟を指すようになってしまったりすることもあってねえ。

やっぱり、そういう「日本のしきたり」を知らなければ、国会答弁のやり方だって、本当は分かんないよ。どこで謝《あやま》るとか、どこでしらを切り通すとか、嘘《うそ》を通すとかねえ、いろいろあるけど、あの駆《か》け引きなんか、みんな基本的に「日本のムラ社会」のルールそのものが生きてて、極《きわ》めて日本的なものだよ。本当にそう思うなあ。

大川裕太　そうですね。

いまだに「水や空気、安全はタダ」と思っている日本の左翼《さよく》

綾織　今日は、「日本の政治改革」というのがテーマですので……。

京極純一　ああ、そうだねえ。改革……。

綾織　「このムラ社会をずっと続けていてよいのか」という問題があると思います。

京極純一　うん。

綾織　確かに、「国内では、それで回っていく」というところはあると思うのですが、今の中国の軍事的な覇権《はけん》主義の問題や北朝鮮《きたちょうせん》の問題などを考えたときに、「ムラ社会的に本音を言わず、建前《たてまえ》だけで議論して、本質的なことが出てこない政治」、「正しさというものを発見すること、探究することをしない政治」では、やはり、立ち行かないところがあるのではないでしょうか。
その点について、何を、どう変えるべきかを教えていただければと思います。

京極純一　よく知らないといけないと思うんだよなあ。まあ、私が大川隆法君を教えた時代は三十何年前、もう四十年近い昔になるけども。そのころも、先ほど言ってたイザヤ・ベンダサン（山本七平《やまもとしちへい》）とか、そんなのも解説はしといたけどね。彼は、「日本人っていうのは、水や空気、安全等をタダだと思っているが、これはけっこう珍《めずら》しいのだ」っていうようなことを言ってたけど、いまだに、それが残ってはいるわけよ。

要するに、日本の左翼《さよく》等は、政治の批判をしたりしているけれども、いまだに、水も空気もタダだと思っとるし、安全もタダだと思ってるんですよ。

安全がタダだと思ってるから、北朝鮮から弾道《だんどう》ミサイルが飛んでも、「それは北朝鮮が飛ばしているんであって、われわれのムラ社会には関係がないこと」なんだよ。ムラ社会では、タダで安全が手に入ると思ってる。水もタダだけど、安全もタダだと思ってるようなところがあるわけね。

空気だってねえ、北京《ペキン》へ行けば、PM2・5で汚染《おせん》されてるから、吸えたもんじゃないんだけどねえ。

きれいな空気はタダじゃないんだ。企業《きぎょう》が公害防止をきっちりやってこそ、きれいな空気は維持《いじ》できるので。企業に、そういうことを義務づけるのが政治の仕事だわね。そういうことがあって、きれいな空気ができる。

水だってそうで、昔の水俣病《みなまたびょう》やイタイイタイ病みたいなのが、今、中国では多発してるよね。工業廃水《はいすい》を垂れ流しで川に流すから、川の魚の骨がみんな曲がって体がグニャグニャになったり、変形したのがたくさん生まれたりしてる。

それは、日本でも数十年前に、神通川《じんつうがわ》とか、いろいろなところでありましたけど、その時代は、それが政治的にも大きなテーマだったし、宗教的にも、公害を糾弾《きゅうだん》する宗教運動もけっこうありましたけどねえ。

やっぱり、日本から見れば、これは数十年後《おく》れてるとは思う。

「私の政治学は、いまだに当たってるんじゃないかなあ」

京極純一　今、日本では、そういうのが当たり前に見えているから。すべてが当たり前に見えていて、無公害は当たり前だし、空気はきれいで、水がきれいで、安全がタダなのは当たり前。犯罪もないのが普通《ふつう》で、警官はいても、日本の警官は、一般《いっぱん》的には非常に親切だからね。田舎《いなか》から来たじいさん、ばあさんに道案内をしてくれたり、財布《さいふ》を落とした高校生に十円を貸してくれて、「これで家に電話をかけなさい」って言ってくれたりするような、極めて、お寺の住職さんに近い警察官が多いわけですよ。

実際に、「犯人と格闘《かくとう》して捕《つか》まえる」なんていうのには、めったに遭《あ》うことはなくて、一年に一回も遭いはしないことが多いのでね。

自衛隊にも、そういうところがあって（苦笑）、自衛隊なのに、「もし、急に戦争になって、主人が死ぬようなことがあるんだったら、自衛隊を辞《や》めなきゃいかん」なんていうご家族がいたりするわけで。「あのー、自衛隊っていうのは国を護《まも》るために戦うんじゃなかったんでしたっけ？」っていうのを忘れてて、「戦争がない」っていうことで自衛隊に就職している。それで、「戦争がないということで自衛隊員と結婚したのに、戦争があるっていうんだったら、これは自衛隊を辞めて転職しなきゃいかん」なんていうのが出てきて、ちょっと〝お笑い〟になってるわけだけど。

四十年近い昔に私が授業で言ったことは、今だって一緒《いっしょ》でして、野党の……、例えば、共産党なんかもポスターをいっぱい貼《は》ってると思うけど、「ところで、君たち、ほかの国の視点から日本を見たときに、君たちの言ってる主張どおりにやったら、ほんとにこの国がもつと思うか？」って、本音で訊《き》いたらどうなるか。

まあ、本当はもたないんだけども、彼らは、もう完全に洗脳された状態に近いというか、街宣をやってるときに言った自分の言葉で、自分たちが洗脳されているわけで。「武器を持たないと平和だ」とかね。まあ、そんなような感じですわね。「武器を持たなければ平和ができるんだ。武器を持てば戦争する。持ってなきゃ、平和なんだ」と。

綾織　はい。

京極純一　あるいは、「中国は平和の大国であって、自分から外国を攻《せ》めないんだ」とか、そう信じているわけね。

あとは、例えば、安倍《あべ》政権を批判しながら、北朝鮮の弾道ミサイルについては、それはそれで、「ああ、飛んだんですね」みたいな話で、別途《べっと》分かれていて、切れてるんですね。つながらない。

こういうところがあるので、これは、私の政治学は意外に当たってるんじゃないかなあ、いまだに。

大川裕太　「このムラ社会的なものは、日本が西洋化しても、結局は変わらなかった」ということなのでしょうか。

京極純一　「西洋化した」と思ってるところが間違いなんだよなあ。

大川裕太　ああ、なるほど（笑）。

京極純一　スーツを着て、ネクタイをしたから西洋化してると思ってるけど、なかは、褌《ふんどし》をして、羽織袴《はおりはかま》のままなんだよ。

大川裕太　仮に、新しい宗教が興《おこ》って、思想を大きく変えようとしたところで、この日本の中身はあまり変わらなかったりするのでしょうか。

京極純一　やっぱり、大きくなればなるほど日本的になってくるから、結局は、もとと変わらなくなるとは思うね。

大川裕太　ああ、なるほど。

京極純一　だから、君たちも、自分たちの宗教の未来を知りたかったら、過去の宗教をよく調べたほうがいいよ（笑）。「大きくなれば、おんなじになる」ということを、ある程度、知っといたほうがいいなあ。

4 マスコミ報道に見る「日本人と政治と宗教」

日本とアメリカで違《ちが》う「マスコミの捉《とら》え方」

綾織　先ほど、「他の国からの視点」「外国からの視点」というお話もありましたが、「政治過程論」で言うと、マスコミというものも、非常に大事なものだと思います。

ただ、日本のマスコミには、「外国からの視点」の部分をしっかりと報道して警《けい》鐘《しょう》を鳴らし、国民を導くという役割を十分に果たしていないところがあるかと思うのです。

現代のマスコミの動きについては、どう思われますか。

京極純一　それはねえ、今、西洋と日本を比較《ひかく》するその文脈から行くとね、まあ、西洋のほうのマスコミには性善説的なところがちょっとあるのよ。マスコミ性善説。

要するに、アメリカでは、「新聞のない政治」と「新聞のある政治」とだったら……、いや、「政治と新聞なら、新聞のほうを取る」みたいなところがあるわけよ。新聞を信じてるわけね。アメリカは州が分かれているけど、どこの州に住んでても、新聞で報道されることによって、政治意識を持つことができるようになるから、新聞っていうのは非常にありがたいものなんだ。アメリカみたいに五十州もあるようなところでは、新聞がなかったら、ほかの州で何が起きてるか、さっぱり分かんないし、どんな人がいるかも分かんない。

リンカンの時代であれば、遊説《ゆうぜい》にしても、馬車で行くのはなかなか大変なことですからね。鉄道もちょっとは走ってたかもしらんけども、大変なことだった。

だから、新聞っていうのは、ものすごくありがたい媒体《ばいたい》だったわけで、そういう、アメリカンな意味での政治学で言えば、マスコミには非常に性善説的なところがある。悪を糾弾《きゅうだん》する正義のヒーローなんです、基本的にね。

　一方、日本においては、マスコミはそうではないんですよ。日本のマスコミは……、まあ、「マスコミ沙汰《ざた》になるな」というのが、基本ポリシーでしてね。

大川裕太　（笑）

京極純一　「新聞に載《の》る」、「週刊誌に載る」、あるいは「テレビに出る」っていうのは、だいたい悪いことが起きるということで。

　例えば、「おたくの息子《むすこ》さんがテレビに出てた」とか、「おたくの息子さんの名前が新聞に出てた」とか、「週刊誌に出た」とかいうのは悪いことで、「一族が村八分《むらはちぶ》にされるかどうか」、「一家が村八分になるかどうか」、「夜逃《よに》げしなきゃいけないかどうか」の瀬戸際《せとぎわ》なんですよね。週刊誌沙汰、新聞沙汰。テレビに出る。まあ、悪いことのほうが基本的には多いんですよ。

　いいこともたまにあるけど、いいことをあんまり報道すると、視聴率《しちょうりつ》がどんどん下がってくる。悪いことを報道すると、だいたい視聴率がずっと上がってくるんですよ。

（綾織を指して）だんだん顔つきが悪くなってきた。「マスコミ性悪説」って言ったら、彼の顔つきが悪くなってきたけど……。

綾織　（苦笑）

京極純一　だいたいねえ、新聞に名前が載るっていうことは悪いことなんですよ、日本の場合は。それはたいてい、悪口を書かれることを意味していて、家族はそれを読みたくないし、子供がいたら、学校に行けなくなることを意味するわけ。

大川裕太　ええ。

日本には、まだマスコミ的土壌《どじょう》が根づいていない

京極純一　新聞に載る、週刊誌に載る、テレビで報道される。たいてい悪いことなんですよ。

まあ、たまに、「ノーベル賞をもらった」みたいな、そういう〝ご祝儀《しゅうぎ》〟報道もあるけどね。あるいは、「大相撲《おおずもう》で優勝した」とかいう報道もたまにはあるけど、そういうのばっかりやったら、全然、観《み》てくれなくなる。

やっぱり、悪いのが主力なんですよ。エースは悪玉なんですよ。「今日、どんな悪人が出現したか」っていうことがエースなんです。

人が殺された。警官が殴《なぐ》られた。一面記事ですよねえ。政治家が嘘《うそ》をついた。あるいは、政治家が失言して、みんなが「辞《や》めろ、辞めろ」と言った。だいたい、（日本では）基本的に、悪いことがトップに出てくると考えればいい。

だから、日本には、本当は、マスコミ的土壌《どじょう》がまだ根づいてないよ。

森國　ああ。

京極純一　要するに、昔で言うと、これはまあ、江戸《えど》時代的には立札《たてふだ》で、「お尋《たず》ね者」っていう人相《にんそう》書きが来て、例えば、「この者は、どこそこに押《お》し入って、金《きん》三千両を盗《ぬす》んだ者で、全国指名手配」っていう感じのあれだ。あれがマスコミの役割ですから、悪いことなんですよ、基本的に。

マスコミに名前が出ないところは成功してる。出るところは、だいたい失敗。リクルートなんか、出たら延々と叩《たた》き続ける。

●佐川《さがわ》急便事件とかも、延々とやる。出なくなったら、通常業務をやれてるということだね。あんなのが出てて、まだ会社が続いてることが、みんな不思議でしょうがない。「こんなに毎日出てたのに、なんで会社はまだあるんだろう?」っていう感じで、不思議ですよね。佐川急便事件なんか、忘れ去られて、何をやったかも、

●**東京佐川急便事件**　1992年、東京佐川急便から暴力団系企業への数千億円に上る融資や債務保証、および政治家への巨額献金が発覚し、社長らが特別背任容疑で逮捕された。また、5億円のヤミ献金を受領したとし、金丸信《かねまるしん》・元自由民主党副総裁の有罪が確定、議員辞職に追い込まれた。

もう分からなくなってると思うんだけども。

綾織　ええ。

京極純一　そういうふうな、何か事件があったっていうのに、業務は平常どおり通っている。

まあ、マスコミに出るっていうことは、そういう悪人探しに引っ掛《か》かったということを、日本では意味してるんだよ。だから、「マスコミに出て、評判が取れる。人気が取れる。有名になる。それでいい」というように思ってるっていうのは、基本的には誤りなんで。

つまり、マスコミに取り上げられない幸福の科学、幸福実現党はねえ、「正義の宗教」で、「正義の政党」なんだよ。

大川裕太　（笑）なるほど。

京極純一　「正義の政党」はねえ、マスコミには取り上げられないんですよ。「悪の権化《ごんげ》」は、絶対、取り上げられるんです。だから、日本では〝いいこと〟なんですよ。

甘利《あまり》大臣の辞任や宮崎《みやざき》議員の辞職は「怨霊鎮《おんりょうしず》めの儀式《ぎしき》」

森國　今日は、ありがとうございます。

京極純一　はい。

森國　マスコミに関してなのですが、ある週刊誌が、年初より、自民党の甘利《あまり》大臣と宮崎《みやざき》議員の二人の政治家を糾弾していました。

京極純一　うーん。

森國　特に、甘利大臣については、百万円ばかりのお金によって、大臣職を去ることになりました。今の日本では、こういった、マスコミが政治家個人を糾弾して足を引っ張るカルチャーが非常に強いなと感じているのですが、これは、政治家の個の力量が下がっているからなのでしょうか。

また、以前、大川総裁から頂いた「新・日本国憲法 試案」には、「マスコミは、常に良心と国民に対して、責任を負う」というような条項《じょうこう》もありますけれども（『新・日本国憲法 試案』〔幸福の科学出版刊〕参照）、そういった何らかの制度的な改善が必要なのでしょうか。

そのあたりについて、京極先生は、どのように見ていますか。

京極純一　いやあ、それはねえ……。あれは、やっぱり宗教なんだよ。「ＴＰＰの怨霊《おんりょう》」なんだよ。

要するに、ＴＰＰをやることによって、被害《ひがい》を被《こうむ》るかもしれないっていう、日本の農業や漁業系統の、そういう農村部……、まあ、これは自民党の支持基盤《きばん》だよね。長らく保守の支持基盤だった人たちですね。そういう、自民党を何十年も応援《おうえん》してきた人たちはみんな、「ＴＰＰで裏切られるかもしれない」っていう恐《おそ》れを持ってるわけね。つまり、「外国産の野菜とか、安い農産物とか、いろいろな資源とかが、無関税で、ドッとなだれ込《こ》んでくるかもしれない」っていうことで、「今まで、長く自民党を支援してきたのに、われらを潰《つぶ》す気か」と、まあ、そういうことだよな。

この怨霊がグワーッと立ち上がってきて固まって、永田町《ながたちょう》を襲《おそ》ったわけよ。「ＴＰＰが通るにしても、誰《だれ》か〝生贄《いけにえ》〟を差し出してもらいたい。〝生首《なまくび》〟を出せ」ということで、担当をしてる甘利の首を差し出さないかぎりは成仏《じょうぶつ》しないわけよ。

森國　なるほど。

京極純一　だから、法案としては、たぶん通るんだろうし、条約として、そうなるんだろうけれども、今まで何十年も支援した分の、何て言うの？　この「怨霊鎮《しず》めの儀式《ぎしき》」が要《い》るわけですよ。

〝生首〟を供《そな》えて、（合掌《がっしょう》して）「責任者が、今、切腹《せっぷく》しました。切腹して首を斬《き》られましたので、これにて一件落着、お願いしたい」と、まあ、こういう図式であって、〝生首〟を出さないと、「安倍《あべ》さんの首が飛ぶ」わけです。そういうことなんですな。

大川裕太　確かに、そうかもしれません。

京極純一　まあ、甘利さんについては分かりやすい。そういう、「主として農村の怨霊鎮めの儀式だった」と考えて。まあ、いちおう、週刊誌がそれを主導したのかもしれないけれどもね。ただ、週刊誌が西洋的文脈で、ジャーナリスティックに追《つい》及《きゅう》して首を斬ったんじゃなくて、これは怨霊の意見を代弁して、正しく祟《たた》って、そして、日本的に鎮めたということで、これを鎮めることによって、ＴＰＰは発効《はっこう》されるんですよ。

育休を宣伝した宮崎《みやざき》議員にかかった「消費税の怨霊《おんりょう》」

京極純一　もう一人の若い人（宮崎《みやざき》議員）については、私は、もうひとつよく分からんのだけども。うーん、何がいけないんだい？　え？

「彼の奥《おく》さんも政治家で国会議員で、自分も国会議員。奥さんが出産するというので、日本としては珍《めずら》しい男性の議員の育休みたいなのを宣伝して、国会を休むと言ったところが、奥さんの目を盗んで、〝泥棒猫《どろぼうねこ》〟みたいなのと〝ニャンニャン〟しとった」ということかな？

森國　そうですね。

京極純一　うーん。これも、「日本的」と言やあ「日本的」だけど、まあ、これは「税金の怨霊《おんりょう》」だな、基本的にはな。

森國　ああ。

京極純一　安倍政権は、これから税金をまた上げようとしてるよね。やっぱり、これは「税金の怨霊」が来たと見るべきだね。

要するに、民《たみ》から、五公五民《ごこうごみん》、六公四民《ろっこうしみん》と、どんどん税金を取って、「農民は生かさず殺さず、菜種油《なたねあぶら》みたいに搾《しぼ》り取るべし」っていうのが、安倍政権が着々と進めようとしている〝あれ〟だからねえ。

消費税っていうのは、やっぱり、きついですよ。特に、私なんか老後は長かったですけど、収入がなくなってきた老人にとって、消費税っていうのはこたえますよ。これは、「収入がなくとも税金を払《はら》え」っていうことですよね。「収入があるときに所得税を払え」っていうのは、まあ、ある程度分かるよ。

森國　うーん。

京極純一　「収入が上がれば、その分だけ所得税も多く払ってください」って、これは分かる、収入があればね。「収入がなくなっても払え」っていう税金が、消費税ですよね。

だから、「定年退職後の人たちの怨霊」っていうのが、日本国中に、いちおうある。

綾織　ええ。

京極純一　モワーッと、あるわけですよ。この怨霊が、名前はよく知らんけど、その若い人か何か知らんけど、そこにかかってだねえ、「こいつは、『妻の育児を手伝う』みたいなことを言って、ええ格好して、税金で給料をもらいながら国会議員の仕事をサボろうとした。実は、税金の給与《きゅうよ》を私的流用して個人的に遊んどった。それは許しがたい」っていうことで、社会的制裁がかかる。

これは、「消費税の怨霊」と見るね。「TPPの怨霊」と「消費税の怨霊」が二つ出たと考えますねえ。

「晴れの舞台《ぶたい》に立つ前には、禊祓《みそぎはら》いが必要」

綾織　「怨霊政治学」というのは、非常に面白《おもしろ》いのですけれども（笑）。

京極純一　「怨霊政治学」ですよ。

大川裕太　（笑）

綾織　これは、私たちが今後、政治の経験をしていく上でも、非常に大事なところだと思うのですが……。

京極純一　そうなんだよ。「だから、宗教が出る必要がある。宗教政治は必要なんだ」と言えるじゃないですか。

綾織　はい。ある意味で、「首を差し出す」というのは、最終的なところだと思うのですが、その前の時点で、「何らかの宗教的な原理が働いて、国民に納得《なっとく》していただき、マスコミも納得する」というようなプロセスが、何か必要なのかなと思います。

この点について、どういう宗教的な解決というか、アプローチがあるのでしょうか。

京極純一　日本ではね、大勢の人前《ひとまえ》に出て見られる人、例えば、意見を言ったり、司会したり、演説したりするような人っていうのは、「晴れの舞台《ぶたい》」に立ってるわけだね。

晴れの舞台に立つためには、身だしなみを整えたり、いちばんいい服を着たり、ちゃんと美容院に行ったり、いろいろして、舞台用に「晴れの〝装置〟」をつくらなきゃいけないよねえ？

綾織　はい。

京極純一　舞台に立つ前には、穢《けが》れを祓《はら》わなきゃいけないわけですよ。政治家でもそうだし、マスコミの有名な人でもそうかもしれないし、ほかの人もいると思うけど、晴れの舞台に出る人は、穢れを祓わなきゃいけない。つまり、「禊祓《みそぎはら》い」が要るわけですね。

綾織　はい、はい。

京極純一　だから、政治はいつも「禊祓い」が付き物ですよね。「何か悪いものが取り憑《つ》いた」と見たら、祓わなければいけないので、衆議院の解散総選挙なんか、たいてい、そうした「禊祓い」的な要素を常に持ってるわねえ。

「何か悪いものが政治のほうに取り憑いた」と見たら、これをお祓いするために解散して、みんなの首を斬って総選挙をする。そして、もう一回当選した場合は、「禊が終わった」と捉《とら》えるわけね。総辞職解散型のやつは、だいたい、その「禊祓い」のためにやるわけで。

　それをやることによって、「今までの政治に滞留《たいりゅう》してた〝怨霊〟が追い出されて清められた」と。要するに、「沐浴斎戒《もくよくさいかい》して、清められた」ということになって、政治家は、「過去の罪についてはこれで流された」と捉えるわけで、極《きわ》めて仏教的でもあるし、神道《しんとう》的でもある。「宗教儀式」と「政治儀式」が一体化しているものなんですよ。

綾織　なるほど。

京極純一　だから、そういう政治的に暗雲が漂《ただよ》ってきた場合には、必ず「禊」をやらないともたないですね。

5　あらためて「金権政治」について訊《き》く

「学力と収入が反比例する」時代、政治家は儲《もう》からなかった

大川裕太　京極先生は金権政治についても少しコメントをされており、例えば、「お金は潤滑油《じゅんかつゆ》である」と教えられていたとも聞いています。

また、一方で、ご著書のなかでは、「絶対権力というのは必ず腐敗《ふはい》する」という、アクトン卿《きょう》の言葉なども使われつつ、「権力というのは必ず腐敗するんだ」とおっしゃってもいて、結局、どちらなのだろうという感じもします。

こうした「政治とカネ」の問題については、先ほど、「政治権力は、こうやって禊祓《みそぎはら》いをするんだ」というお話もありましたが、そのあたりを踏《ふ》まえてお話を頂ければと思います。

京極純一　いやあねえ、私の現役《げんえき》のころの方程式としては、「学力と収入は反比例する」ということも教えておったんです。偏差値《へんさち》が上がれば上がるほど、貧しくなってくる。

例えば、東大に入っても、勉強しないで社交術に長《た》けた人のほうが、収入のいいほうに、だいたいみんな移行していく傾向《けいこう》は多くて、勉強しすぎた人は、学者なんかになって、民間の会社の給料の三分の一ぐらいで働いてる。あるいは、勉強しすぎた人は公務員になって、やっぱり、民間よりも低い給料で働いてる。

まあ、今はどうかは知りませんがね。だいたい、そういう時代でして、民間に行ったほうが三倍給料があったんですよ。大川さんが若かったころの話ではね。つまり、「勉強ができると給料が三分の一になる」という時代で、「勉強ができなければ、もっといい給料がもらえる」っていう不思議なあれで。

何か、「一定の試験を通って頭がいい」という証明書は要《い》るんだけど、「頭がいい」という証明書さえあれば、あとは、勉強しなければ収入が増えて、勉強をした人は収入が下がる。

だから、「末《すえ》は博士か大臣か」っていう言葉もあるけれども、それは「金持ちになる」ということを必ずしも意味していないわけで、むしろ、政治家なんかになる場合は、「井戸塀《いどべい》政治家」といって、「家も土地も売り払《はら》って、あとは井戸と塀しか残ってなかった」っていうのが大多数。だいたい、私財をみんな、はたいてしまって、そういうふうになる。

「政治っていうのは、基本的には、そんなに儲《もう》かるものではなくて、手を出したら、だいたいもう博打《ばくち》。競艇《きょうてい》や競輪《けいりん》なんかに手を出したのとほとんど変わらない博打で、毎回、政治に出るたびに散財して、もう田畑を売り払い、山を売り払い、家屋敷《やしき》も売り払い、とうとう、最後は奥《おく》さんにも子供にも逃《に》げられっていう、これが普通《ふつう》の姿なんですよ」というような話もしてはいたんですけどね。

「政治家は金をつくれる」ことを露骨《ろこつ》に示したのが角栄《かくえい》政治

京極純一　そういうふうに、政治というのはお金が儲かるものではないのが普通なんですが、そのなかで、金をつくるのがうまい、マネーメイキングの得意な（田《た》中《なか》）角栄《かくえい》さんみたいなのが出てくると、金の力を利《き》かせてくる。

これは、今ではさすがに分かりにくいとは思うけれども、昔だったら、田中角栄邸《てい》に行くときには、〝菓子《かし》折り〟を持っていく。菓子折りを開けたら、もちろん、百万円の札束《さつたば》がいっぱいいっぱい入ってるわけで、お菓子なんかじゃない。お菓子なんか持ってってったら怒《おこ》られちゃいますからね。

〝菓子折り〟っていうのは現金の束のことを言うわけで、それを、「うん、よしよし」ともらって、また百万円ずつ子分たちに撒《ま》いていって、親分・子分の関係ができてくる。まあ、そういうふうなのをやっていたわねえ。

だから、ある意味では分かりやすいあれではあるけど、お金をもらってるか、もらってないかで親分・子分の関係が決まるし、政治に金が要るからね。井戸塀政治家にならないためには、やっぱり、親分がいて、その人が何か金づるを持っていて、そこから金が来る。

まあ、鳩山《はとやま》（由紀夫《ゆきお》）さんみたいに、お母ちゃんから月に千五百万円、小遣《こづか》いをもらってるような人もいるけども、だいたい、私財だけでやる場合は種が尽《つ》きてくるから、やっぱり、システム的に儲けるシステムをつくった人が勝つ時代でもあったわねえ。

例えば、政治家でも鼻が利いてくると、「日本列島改造論」みたいなものを考えれば、どこを次に改造するかが分かるので、事前にそこの土地を買っとけば、絶対に値上がりしますよね。鉄道を敷《し》くところを買っとけば、上がるわねえ。それから、工事があるところを知ってれば、上がるわね。

だから、金はつくれる。政治家は金をつくれる。つくろうと思えばね。それを露《ろ》骨《こっ》にやったのが、角栄政治だとは思うけどね。

戦国時代の殺し合いが、お金のかかる「選挙」に代わった

京極純一　ただ、これは私も授業でよく言うたんだが、昔の戦国時代だったら〝殺し合い〟なんだと。やっぱり、戦国大名《だいみょう》の殺し合いになるわけで、弓矢で戦い、馬に乗って斬《き》り合う時代だったのが、今は「選挙」という、「票の取り合い」に代わったんだと。

その意味で、血が流れての殺し合いでないと決着しなかったものが、投票で決着するようになって、平和な決着の仕方になったわけで、落選したからって殺されるわけでもない。

ただ、選挙にはお金がかかる。そういう意味で、「殺し合いをやめた。弓矢を捨てて刀を脇《わき》に置いた代わりに、選挙にお金がかかる」ということになってるわけなので、その意味での潤滑油としてのお金はやっぱり必要なんだと。

それは、篤志家《とくしか》から献金《けんきん》を集めるなり、後援会《こうえんかい》を大きくして集めるなり、大企業《だいきぎょう》

から献金を受けるなり、何か原資がないと、潤滑油としてのお金は手に入らない。だから、角栄さんが最初かもしれないけど、要するに、自分一代で金を堂々とつくる政治家が初めて出てきたわけですよ。やっぱり、周りからパトロンに応援してもらって政治家になるのが、いちおう基本スタイルだったのが、セルフ・メイド・マンではあるんだけど、「自分で金をつくってしまって、子分まで養える政治家」っていうのが出てきた。

清潔《せいけつ》だけを言うと「軍人政治」が始まり、民《たみ》は豊かにならない

京極純一　また、それに対して、「腐敗だ」と言う勢力も出てきて、批判してきたけど、「清潔《せいけつ》」だけを言うと、やっぱり危険なところもある。戦前の政治なんかの場合、「軍人が清潔だ」と言って、軍人がクーデターを起こしたがって、政治家を暗殺したりする時代があったけどもね。

今だって、アジアの政治ではたくさんありますよ。軍人がクーデターを起こして

政治をやる場合は、「（それまでの）政治が腐敗してる」と言う。

つまり、民主主義政治で、お金が要るわね。だから、やっぱり、お金の出所《でどころ》をみんな持ってる。必ずスポンサーとか持ってるけど、どこかに対して、「フェイバー（恩恵《おんけい》）」っていうかなあ、有利に働きかければ、見返りに政治献金がもらえる。

そういうふうなことは、どこもやっていますよね。発展途上国《とじょうこく》も、みんなやってることですから。それを「腐敗だ」というように報道されると、今度は、「そういうものを一切《いっさい》もらっていない軍人のほうが清潔だ」ということで、軍人政治が始まる。

軍人政治が始まるとどうなるかというと、民《たみ》は豊かにはならない。軍事っていうのは、消費はするけれども、消費は消費。どんどん消費していくことはあるけれども、何か富を生むわけではない。

軍事が富を生む場合は、他国の侵略《しんりゃく》。金目のものを持ってる国や、石油が出るところとか、鉄鉱石が出るところとか、そんなところを取れば、多少、軍事費が富に変わることはあるけれども、普通の戦争だと消費しか起きないので、軍人政治で儲かるということは、基本的にはあまりないわけね。

だから、どちらを選ぶか。軍人政治っていっても、昔の弓矢で戦う時代と似たところも少しあることはあるのでね。それは、武力が強い者は勝つ。最後は、そういうのでよければ、暴力団の抗争《こうそう》みたいなものまで巻き込《こ》んで、「どこの暴力団がついてるかによって、政治で勝つ」というようなところだってあるかもしれないわね。

「大金《たいきん》を使ってまで政治家になりたくない」という考えもある

京極純一　まあ、そういうものに比べれば、〝潤滑油〟としてのお金も、ある程度認めたほうが平和的ですよと。

それから、「庶民《しょみん》の人が政治家になれない」っていう考えもあるけど、「そんな大《たい》金《きん》を使ってまでなりたくない」っていう判断も、ある意味で正常ではあるんでね。

アメリカの大統領選に出るといったって、何百億円とかさあ、場合によっては、そもそも大統領になるには、何百億円じゃ済まないかもしれない。ニューヨーク市長なんかも、立候補するんだったら、「私財のうちの一千億円ぐらいは使って出ようか」っていうようなことを言ってるでしょう?（注。マイケル・ブルームバーグ前ニューヨーク市長は、十一月に行われる米大統領選への出馬を検討しており、その際には、個人資産から少なくとも十億ドル（約一千二百億円）を投じる考えを示している）

例えば、一千億円も使って、今、首相になりたいですか。普通、企業人でも、ちょっと、「うーん、どうかな」と……（笑）。一千億円を貯《た》めるのは大変なことですから。「これで総理になりたいか」って言われると、考えちゃうよねえ。

だから、アメリカみたいに、目茶苦茶《めちゃくちゃ》金持ちになると、そういう太っ腹になれるところもあるけど。日本的には、所得の階層がもう少し、グーッと縮んできて、だいたい、新入社員の収入と社長の収入とが、「一対七」以上に開かないぐらいっていうかなあ、その程度でだいたい止められる。新入社員（の給料）が二十万円だったら、社長の給料は百五十万円ぐらいのところで止めてしまう。

それでも、税金が、今、半分を超《こ》えようとしてるのかな？　それくらいで取られるから、百五十万円もらっても、実際に入るのは、七十万円かそのくらいしか入らない。一方、新入社員は、二十万円もらって、十何万円かが入るかもしれないけど、その程度しか開かないぐらいになってくる。

こういう平等な仕組みにはなってるけど、それだけ税金を取られると、金は貯まらないですからねえ。だから、そうした「政治に出て、バーンと金を使おうか」っていうところまでは、なかなか行かないわねえ。

まあ、それは、あえて言っただけですけどね。それを言うと評判が悪くなるので、あまり言うべきじゃないけどね。そういう考えもあるということ。

6　幸福実現党への「期待」と「激励《げきれい》」

「幸福実現党は、宗教本体が絶滅《ぜつめつ》しないように上手に戦っている」

大川裕太　今、「怨霊《おんりょう》政治」や、お金を使った政治の政治過程論について話していただいたんですけれども、現在、われわれは幸福実現党という政党を持っています。

京極純一　うん。

大川裕太　この政党が、日本のムラ社会的な風潮、あるいは、今の金権政治と言われるような状況《じょうきょう》のなかで戦っていくためには、どうすればいいと思われますか。

例えば、われわれも、利益配分などをやったほうがいいのか、あるいは、そこまでやらないほうがいいのか……。

京極純一　いやあ、勝ててないようではあるけど、ある意味では、宗教本体にとっては安全であることは事実だね。

宗教がお金の力で票を取って、例えば、大きな政党がつくれたり、政権を取れたりするっていうことになりますと、おそらく、国会で〝宗教法人いじめ〟の法律をつくり始めて、宗教を〝丸裸《まるはだか》にする〟ことはするでしょうね。

だけど、勝ててないから、今、それをしないんでしょう?

もし宗教が、「お金はあるわ、票は自分の信者で持ってるわ」ということで、「いくらでも政治を自由にできる。選挙も自由にできる」ということであれば、これはある意味で、構造的には、宗教弾圧《だんあつ》が起きると思いますよ。絶対に起きますわねえ。

それで、「そうした信者がおり、かつ、もう非課税のお金が幾《いく》らでも貯《た》まるのを政治に使っている」ということだったら、マスコミだって、やっぱり容認できないから、当然、宗教攻撃《こうげき》をし始めますわね。

そして、そのマスコミ世論《せろん》を受けて、国会で〝宗教の手足を縛《しば》る法律〟を、必ず制定しようとする。

だから、今、君たちは非常に上手な戦い方をしてると……。いや、「戦わなくてもいい」という考えもあることはあるんだけれども、戦い方としては、〝宗教本体が絶滅《ぜつめつ》しないような戦い方〟はしてると思う。

その意味で、ある程度、時間をかけることの安全性はあるかもしれないね。「時間をかけて、このくらい頑張《がんば》ったんだから、ちょっとぐらいは認めてやってもいいんじゃないか」っていう気持ちが出てくるから、そういうときに、上手にそれに乗じて、入ってくることだよ。

「宗教家が政治をやるのも悪くない」と思わせていくとよい

京極純一　それと、「軍人が清潔《せいけつ》だから、軍人政治が起きる」みたいなことで、軍人のほうに行かずに、「宗教のほうが清潔だから、宗教家が政治をやるのも悪くないんじゃないか」みたいな気持ちを起こさせていくのは、悪いことではないと思うね。

あとは、地方議員ぐらいの目立たないあたりから、だんだんに出ていって、信用をつけてきて、「幸福の科学の信者たちがやってる幸福実現党も、そんなに悪い政治じゃないいな」みたいな感じを徐々《じょじょ》につくっていくようなかたちで、権力奪取《だっしゅ》を急ぎすぎないことが、うまくいくあれじゃないかなと。

もし宗教法人が、「一千億円を使って政権を取っちゃおう」みたいな感じのことをやったら、それは、リクルート事件みたいな感じの叩《たた》かれ方をするんじゃないかなあ。私の主観だけどね。違《ちが》うかもしれないけど、どうだろう。希望がなくなるかな?

大川裕太　いや、おっしゃるとおりだと思います。

私たちは、思想戦という非常に清廉潔白《せいれんけっぱく》な戦い方をしております。私も、どこかの地方を回ったときに、「大川隆法先生というのはきれいすぎるんだ。もっと世の中の政治家はお金をばら撒《ま》いているんだ」と、一般《いっぱん》の人から言われたりもしました。そのように、「あの人はきれいすぎるから、全然、票が取れないんだ」というようなことを言われたりすると、やはり、「そもそも戦い方が、自民党や民主党といった、他の党と違うんだな」というようなことは少し感じてはいます。

利益誘導《ゆうどう》をしない幸福実現党の印象は「ご苦労なことだな」

京極純一　（他党は）政治の言葉で言えば、利益誘導《ゆうどう》だねえ。

大川裕太　そうですね。

京極純一　創価学会《そうかがっかい》だって利益誘導はしてるわね。

まあ、共産党なんかはあまり利益誘導しないっていうか、当選させたからってみんな得なことはないから、あれはけっこう理念で戦ってるんだよね。

大川裕太　そうですね。

京極純一　「憲法九条改正反対」とかね、そういう理念でけっこう戦ってるけど、共産党が儲《もう》けさせてくれるっていうことは、ほとんどありえないでしょうね。

ただ、原発反対とか、ダム反対とか、必ず反対運動が出てくるからさ。そういうところで被害《ひがい》を受けてるような人は、「反対運動をやってくれるというのが利益」という意味なら、利益はあるかもしれないですけどね。

そういう、政治の有効な方法である利益誘導を、幸福実現党はあまり使わないっていうことはあるわなあ。

その意味で、初戦（二〇〇九年の第45回衆議院議員総選挙）で三百数十人も立候補して大敗して、まあ、報道されなかったことを、あなたがたは悔《くや》しがってはいたんだろうとは思うけれども、あれだけの立候補者を立てて戦って、お金を使ってるはずだけど大敗して、それでバッシングを受けないっていうことは極《きわ》めて珍《めずら》しいことであってね。

マスコミの人たちが非常に良好な理解をしてるわけですよ。「（幸福実現党は）正論を言ってて、きれいすぎるっていうか、利益誘導をまったく考えてない。そして、理念で戦おうとしている。それも、自腹を切ってやってて、お金を損しただろうから、それでもやってくださるっていうのは、ご苦労なことだなあ」という。

まあ、印象をまとめれば、「ご苦労なことだな」というところだと思いますよ。

幸福実現党が「日本中から期待されていること」とは

綾織　今日は「『日本の政治改革』最終講義」ということで、ある意味で、少し結論的なところをお伺《うかが》いしたいのですが……。

京極純一　ああ、そうだね。

綾織　今日出たお話のなかで、「宮澤《みやざわ》政権時代の怨霊というのが、今に祟《たた》っている」というお話もありましたし、あとは、ムラ社会的なもので、「国外から日本に迫《せま》りくる危機の状況からすると、これでムラ社会を続けていていいのか」という部分もありました。

こうした部分については、やはり、このままではいけないとは思うのですけれども……。

京極純一　うん、うん、うん。

綾織　何らかの方向性について……。

京極純一　どうしたらいいか？

綾織　はい。日本の政治の改革について伺えたらと……。

京極純一　いやねえ、私にはよく分かるよ。幸福実現党という破《やぶ》れかぶれの政党、勝つことを目的としていない政党が……。

綾織　いや、そんなことはないです。

京極純一　いや、いや、いや、まあ、まあ、まあ、抑《おさ》えて、抑えて、抑えて、抑えて。客観的に分析《ぶんせき》してるんだから……（笑）。

綾織　（苦笑）

京極純一　そうした政党がだねえ、「誰《だれ》もが本当は言いたいけど言えないこと」を口走ってくれるのを、日本中、みんな待ってる感じがする。政治家も、マスコミも、口走ってくれることを待ってる。

何を口走ってくれるのを待っているかというとねえ、「核《かく》兵器をつくって、北朝《きたちょう》鮮《せん》なんかぶっ潰《つぶ》してしまえ！」とか、「中国と戦える戦力を持って、堂々と渡《わた》り合え！」とかねえ。もう、言いたいけどみんな言えない。マスコミも言えないし、政治家も言えない。

落ちても構わない政党だけがそれを言えるから、「いつ言うか」と思って、みんなこれを心待ちにしてるのよ。それを言ったら、言ったところは、絶対、選挙で負けるんだけどね。

選挙は負けるんだけど、その結果、日本の政治としては、すでに言ったところが敗れ去ったことにより、もうそれは〝鎮魂《ちんこん》〟されて、〝慰霊《いれい》〟されているので、みんな〝供養《くよう》〟をしつつ（手を擦《す》り合わせる）、生きてる人たちがその施策《せさく》をやれるという、この方法だな。

だから、幸福の科学に、「イエスのように十字架《じゅうじか》に架かってもらいたい」という強い願いが、日本各地から、今、来てるのを感じるなあ、私は。

「宗教が犠牲《ぎせい》になって後世の人たちを救う」という儀式《ぎしき》が要《い》る

綾織　であるならば、そのあとの「復活」の部分をもう少し伺えれば（苦笑）。

京極純一　復活は、死んでからあと、「偉大《いだい》な人だった」と讃《たた》えられるので……。

ハッハハハハハハ（笑）。

綾織　（苦笑）

京極純一　生きてる間には評価されずに、死んでからあと、「やっぱり、実は、あの人は偉《えら》い人だったね。日本を救ったんだ」と言ってくださるかもしれないっていうことが「復活」なんだ。

綾織　はい。その後、〝キリスト教〟として大きくなるというわけですね？

京極純一　生きてる間に、あんた、成功してそれを手に入れちゃあ、やっぱり、宗教としては駄目《だめ》なんだよなあ。宗教は犠牲《ぎせい》になって、みんな死んでいかなきゃいけないのよ。それが偉大な犠牲になって、後《のち》の世の人たちを救う。これが「宗教の儀《ぎ》式《しき》」なんだよ。

だから、政党をつくった以上、やっぱり、そういう〝儀式〟はやらないと駄目なんだよ。

綾織　確かに今は、そういうプロセスなのかもしれませんけれども、その後、キリスト教は世界宗教として発展していったので、その部分はどうなりますか。

京極純一　だから、その〝マゾがサドに変わるとき〟っていうのはあるので。

綾織　（苦笑）

京極純一　石をぶつけられた日蓮宗《にちれんしゅう》が、いちばん攻撃的な宗教になる。そういうことが、やっぱりあるわけですよね。

そのほかに、「隠《かく》れた本音を代弁する必要があること」とは

森國　「隠《かく》れた本音を代弁していく」ということが、人気を取る秘訣《ひけつ》の一つだと思

いますが、それが、「核兵器の保有」や「中国の軍拡に対抗《たいこう》する」ということでしょうか。ほかに……。

京極純一　いやあ、それは評判になるには、もう「金正恩《キムジョンウン》を殺せ」と言って、街宣《がいせん》したらいいんだよ。すぐに、ものすごい評判になるよ。評判になる。でも、票は入らないよ。

森國　（苦笑）

京極純一　だけど、評判にはなるよ。確実に北朝鮮には届くし、日本の政治には影響《えいきょう》が起きるし、マスコミにも影響を起こして〝地殻《ちかく》変動〟が起きる。確実に起きる。ただし、あなたがたは当選しない（笑）。

7 「税と社会福祉《ふくし》」の問題に解決策はあるのか

「減税しても、社会福祉《ふくし》問題は解決できる」と言い切れるか

森國　国防以外だと、どのあたりについて、京極先生は、「隠れた本音がある」とお感じでしょうか。

京極純一　さっき、「消費税の怨霊《おんりょう》」のところはありましたから、そうですねえ、うーん……。やっぱり、安倍《あべ》さんは一生懸命《いっしょうけんめい》、景気のところに集中してはいるんだけど、ここで本音の代弁を何かしなきゃいけないのかなあっていうところですかねえ。

まあ、一部、共産党なんかが「大企業優遇《だいきぎょうゆうぐう》だ」って言ってはいるかもしれないけ

ども、「消費税の廃止《はいし》とか、減額、減税」ということ自体は、コンセンサスをある程度、得られるんだとは思う。

だけど、「ところで、年金制度とか、老後の社会福祉《ふくし》とか、医療《いりょう》の問題とかは、どうするんだ」っていうところが、みんな答えを持ってないので、それで、全部乗りかねる部分がある。

「消費税を減らしても、そちらのほうが解決できる」っていうんだったら乗ってくるとは思うけど、「それって、老後に裸《はだか》で放り出されるっていうことなんじゃないんですか」って思うから、必ずしも老人票にはつながらないんだよな。それを編み出せるかい？

例えば、「それは大丈夫《だいじょうぶ》です。〝奇跡《きせき》の水〟というものがありまして、これを、みなさん一杯《いっぱい》千円で、一升瓶《いっしょうびん》で買って帰って、家で一カ月、毎日飲んでたら、あらゆる病気が治ります。これで社会福祉、医療関係の問題は解決しました。ここに何兆円も使うというのはバカバカしい話です」と、もし言い切れるんだったら、それはいけるよ。

大川裕太　宗教的な視点から言わせていただくと、「生涯現役《しょうがいげんえき》」とか、「もう少し早くから、人生計画を持ってお金を貯《た》めておく」というあたりは、お勧《すす》めできるのかなと思っていますけれども……。

京極純一　（日本銀行に）マイナス金利をやられてるからなあ。今は金を貯めてても、駄目《だめ》になってくるじゃない。これから、下手したらねえ。

大川裕太　そうかもしれません。

京極純一　国債《こくさい》を持ってても、国債もどんどんマイナス化しようとしてるから。老人はみんな、「消費税はかかるわ、預金は目減《めべ》りするわで、もしかしたら、もう年金は駄目かもしれない」って、老後の不安がすごく大きいですよ。
うーん、厳しいねえ。ここのところの、「税の問題」と「社会福祉的な考え方」のところは、すごく難しいね。これを、ちょっと整理しなきゃいけないが、「ヒットラー的に、矛盾《むじゅん》したことを発信して票を取る」っていう、それだけの話術を君たちが持っておれば、それはできなくはないけど、なかなか難しいやろなあ。

大川裕太　そうですねえ。

「寿命《じゅみょう》が延びすぎた」ことへの解決策はあるか

綾織　そのあたりは、「生涯現役のところとジョブ・クリエーションのところを具体的に説明できるか」というところではないかと思うのですけれども……。

京極純一　そうは言っても、あなた、九十二歳《さい》にもなったら、そんなもの、どこの大学も呼んでくれませんよ。人気がないもの。

綾織 （苦笑）まあ、もう九十歳ですと、それはそうだと思いますけれども。

京極純一 人気がないもの。だからさあ、いやあ、それは働けるものならやりたいよ。だけど、ニーズがないもんな。

やっぱり、少し寿命《じゅみょう》が延びすぎたっていうようなことは、ある意味で、収入源を確保できるならいいけど、働けないんだったら不幸なところもあるからね。「医者が余計なことをして寿命を延ばして、金がかかって困っとるんだ。さっさと一服盛《いっぷくも》ってくれ」というような。

例えば、フグの調理師免許《めんきょ》とか、ああいうのを取っ払《ぱら》ってね、「あらゆる魚屋や料亭《りょうてい》、飲み屋で、フグ料理だって自由にやっていい」と言ったら、やっぱり死ぬ人がだんだん増えてくるよね。

それから、「年齢《ねんれい》が八十を超《こ》えたら、フグを毎日食べなきゃいけない」とかさあ、こういう何かをすれば、社会福祉のところをかなり切っていくことができるよね。

大川裕太　（苦笑）

京極純一　もう、フグも成仏《じょうぶつ》できるしさあ。それは、いいことをしてるから。な？

8　京極氏は「日本教」の正体をどう見るか

天皇が、「靖国《やすくに》」には行けないが「遺骨収集の慰霊《いれい》」はできる理由

綾織　最終講義なので、「きれいに終わりたいな」と思うのですけれども（苦笑）（会場笑）……。

京極純一　ああ、そうかあ。

綾織　今日は、「怨霊《おんりょう》政治学」というか、宗教的な部分を含《ふく》めた政治学のお話をお伺《うかが》いしました。これを少し突《つ》き詰《つ》めていくと、「政治家のほうが、自分たちで禊祓《みそぎはら》いができる。自分で清めることができる。それによって、国民にもいい影響《えいきょう》を及《およ》ぼ

せる」というような、ある意味で、徳治主義的な政治というものが、怨霊政治の先の理想的な部分にあるのかなと思いました。

そういうかたちで考えていらっしゃるのでしょうか。


京極純一　うん、でも、それも、何か一つの政治の焦点《しょうてん》なんじゃないの？　天皇陛下《へいか》がペリリュー島に行ったり、今年はフィリピンに行ったりして、慰霊《いれい》の旅とかいうてやっている。あれは（日本人は）肯定《こうてい》するんだよね。一方、国内の靖《やす》国《くに》神社へ行くのは肯定されずに、終戦の日は、（全国戦没者追悼式《せんぼつしゃついとうしき》を）日本武道館かどこかで、やってるんだろう？　もうまことに不思議だね。

日本の天皇が、日本のために戦って死んだ人の慰霊には行けなくて、「外国を回って、要するに、遺骨収集なんかと似たような動きだったら分かる」っていう感じなんでしょう？

だから、けっこう、唯物論《ゆいぶつろん》に事寄《ことよ》せた慰霊だね。〝遺骨収集型の慰霊〟で、何か日本人は、「骨に魂《たましい》が宿ってる」と思ってるようなところがあるので、遺骨があるところに収集に行ったりして、慰霊するのは構わないんだけど、靖国には明らかに骨がないわね。だろう？

綾織　はい。

京極純一　骨がない。だから、沖縄戦《おきなわせん》で死んだ人が本当に靖国に来ているかどうか分からないからさあ。沖縄の死んだところで慰霊するなら、それは意味があるわけよ。「骨があるところに魂がある」と思ってるからね。日本の地《じ》の宗教学はそうなんだ。

靖国には骨がないのよ。だから、ある意味で、骨を集めれば、それは行けるかもしれないんだけどね。

綾織　そうですね。

京極純一　そういうところは、あるわね。

宗教政党なら「一票一霊成仏《いちれいじょうぶつ》」運動を起こせばいい

京極純一　天皇は、いちおう、そういう外国の慰霊には行っている。でも、首相になると、そこまでの暇《ひま》はないし、「靖国に行くか行かないか」みたいなので、外国の干渉《かんしょう》をいつも受けている。

だから、政治家だけど、やっぱり慰霊をしたがっている。宗教家のように、何か鎮魂《ちんこん》をしたいっていう気はあるようだねえ。

その意味では、祭政一致《いっち》は、根本的にはあるんだとは思うんだよね。

まあ、「幸福実現党に一票を投じることにより、戦没者が一名浮《う》かばれるんです」みたいな感じはどうかねえ。そうすると、三百万票はもらえてもいいわけだよな？

（大東亜《だいとうあ》戦争で日本人は）三百万は死んどるんでな。

綾織　はい。

京極純一　あとは、「アジアの亡《な》くなった方々の分まで票があると、もっといいですね」と。そうすると、一千万、二千万票ともらえるわなあ。「一票一霊成仏《いちれいじょうぶつ》」とかいう運動を起こしたらどうだね？　せっかく宗教政党なんだから、「一票一霊成仏」。

大川裕太　確かに、そういうニーズをつかむことはできると思いますね。

京極純一　うーん。

戦後にできた「憲法九条」を中心的教義とする「日本教」

大川裕太　先ほど、極端《きょくたん》に、「核《かく》武装とか言ってみたらどうだ」とおっしゃってくださったのですけれども、われわれも、まだちょっと上品に振《ふ》る舞《ま》おうとしているところはあるのかもしれません。どのようにするのがいちばんよいと思われますか。

京極純一　うーん……。

大川裕太　確かに、例えば、幸福実現党の支持者等の方からは、「『憲法改正』というのはポスターのキャッチコピーに入れないでくれ」と言われるようなのです。釈《しゃく》党首も、「『憲法改正』を押すのだけはやめてください」といったことを言われるそうなので、なかなか日本的ではあります。

京極純一　いや、あれも、新しい日本教としての〝宗教〟になっているので。戦後の日本教の中心的教義が「憲法九条」なんですよ。

要するに、「非武装であれば平和が護《まも》れる」っていう教義が立ってるんですよ。この教義を七十年間教え続けてきてる。「日本は軍隊を持ったから、それが戦争を起こして、国民が悲惨《ひさん》なことになり、荒廃《こうはい》した土地になって、戦後の悲惨さが立ち上《のぼ》ってきたんだ。非武装であったら経済的に繁栄《はんえい》して、世界的にも豊かな国になったんだ。この『平和教』が繁栄のもとだったんだ」と。まあ、この七十年、これだよねえ。

だけど、これに関しては、他国の事情はほとんど入っていないので、左翼の人たちは、そうした国際政治的な判断を一切無視してる。憲法学者ももちろん無視しているし、左翼《さよく》の運動家も無視しているというところだよなあ。

だから、最近よく出てるが、基本的に言うと、「鎖国《さこく》の思想」によく似てるんでね。「日本一国、海があるから大丈夫《だいじょうぶ》だ」みたいな時代の考えにちょっと近い思想だよな。
ただ、それにはもう、昔の日本の、船を漕《こ》がなきゃ外に行けない時代、遣唐使《けんとうし》として中国に行くのは命懸《いのちが》けみたいな時代の人たちの集合想念が、今、生まれ変わってるとしか思えないところはあるねえ。
それで、「今は飛行機もあるし、船もあるし、いろいろ行けるんですよ」と言うても分からない。「ミサイルというものが飛んでくることがあるんですよ」って言っても、「そんなものは見たことがないし、知らんなあ」というような、そんなところで、関係ないと思ってる。安全はタダだと思うとるからさあ。

大川裕太　はい。

京極純一　保障されていると思ってるんだよ。
だから、極《きわ》めて新しい〝宗教〟だと思いますよ。「憲法九条」を中軸《ちゅうじく》とする「平和教」っていう〝日本教〟が立ってると思うんですよね。
公式にインタビューすれば、「あらゆる宗教がなくても構わない」「宗教を信じない」と言う人は、この日本教徒だと思うね。

綾織　ありがとうございます。

過去世《かこぜ》は「礼法《れいほう》や作法《さほう》を教える学者のような者」

綾織　今日は「最終講義」ということですけれども、政治学者の方とお話ししているというよりも、ある意味、宗教学的なアプローチだったり……。

京極純一　いや、ここに来てるから、私もサービスしてるのよ。

綾織　あっ、そうなんですか（笑）（会場笑）。

京極純一　サービスしてるのよ、みんなに分かることをしゃべってるんだよ。

綾織　なるほど（笑）。ありがとうございます。

京極純一　サービスしてるのよ。うーん。

綾織　そういうご自身のお考えには、過去の魂のご経験のなかから来ている部分もあるのでしょうか。ある意味、宗教者的な経験もあるのではないかという印象を持ったのですけれども。

京極純一　うーん……。まあ、もし宗教家的な魂があったら、大川隆法さんから悪くは書かれないいんじゃないの。

綾織　そうですか……（笑）。

大川裕太　文化人類学者的な感じでしょうか。

京極純一　うん、まあ、言ってることの筋《すじ》を見りゃあなあ、「有職故実《ゆうそくこじつ》」っていう言葉は難しいから分からんかもしらんけど、昔から、しきたりとか礼法《れいほう》とかを教えたりしている学者みたいなのはいるわな。

綾織　おお。

京極純一　昔からな。まあ、そんなような人間だと思ったほうがいいんじゃないか。

●有職故実　古来の儀式・礼法・官職・法令・年中行事・宮殿・服飾・軍陣などを研究する学問。平安中期以後、公家や武家の間で重んじられ、教養の一つとされた。

綾織　それは、江戸《えど》時代の方ですか。

京極純一　うん、まあ、やっぱり、いろんな時代にはあったさ。それなりになあ。実際上、働くことはあんまり好きじゃない。

綾織　（笑）

京極純一　好きじゃなくて、礼法とか作法《さほう》とかについて、「こういうふうにすべきだ」みたいなことを故事から引いてクチャクチャと言って、飯《めし》を食っている連中だよな。実働時間は減らしながら飯を食っている、そういう種族と見ていいでしょう。

綾織　なるほど。過去世《かこぜ》のお名前として、明かしていただけるようなものというのは……。

京極純一　そんなものはねえ……。まあ、「京極」だから、京極にちなんで引っ張り出してもよろしいんですけどねえ。名前から見りゃあなあ、何か、京都のお公家《くげ》さんあたりを名乗るのがいちばんふさわしいとは思うんだけどねえ。まあ、そういう意味もないわけではないかもしらんけども。

君ねえ、東大教授なんていうのはもう、「学生の数よりちょっとは少ないかなあ」ぐらいいるんであってねえ、そんなに偉《えら》い人が日本にたくさんいたら困るわけよ。

綾織　そうですか（笑）。

京極純一　うん。だから、平等なんだよ。日本は非常に平等な……。まあ、昔のサラリーマンとしては、やや上級のサラリーマンだったというぐらいのものだよ。

綾織　なるほど。分かりました。

9　京極氏による「怨霊《おんりょう》の政治学」講義

「宮澤喜一《みやざわきいち》元総理の怨霊《おんりょう》は大川隆法が祓《はら》うしかない」？

綾織　本日は……。

京極純一　あっ、もう終わりなの？

大川裕太　ああ、そうですね、では……。

京極純一　うん、君らは、まだ何にも核心《かくしん》に斬《き》り込《こ》めてないからなあ。

綾織　そうですか（笑）。

大川裕太　（笑）

京極純一　私の〝フェイント〟でほとんど終わっちゃったじゃないか。

綾織　フェイントなんですか（笑）。

京極純一　そりゃあ、そうでしょう。

大川裕太　では、過去に、大川隆法総裁とのご縁《えん》などはありますでしょうか。何か覚えていらっしゃることとか……。

京極純一　うーん……。いやあ、〝宮澤喜一《みやざわきいち》の怨霊《おんりょう》〟は、やっぱり、大川隆法さんが祓《はら》うしかないと思いますね。そういう使命を背負って、今、やってらっしゃるんじゃないですか。

綾織　はい。

京極純一　「東大法学部が日本を沈《しず》めた」と言われてるわけですから。日下公人《くさかきみんど》さんでさえ、「東大法学部不況《ふきょう》」っていうことを言ったことがあるぐらいですから。

綾織　宮澤さんは怨霊化している状態なのですね？

京極純一　常時、怨霊なんじゃない？　この人は。

綾織　常時？

京極純一　うん。いつの時代も怨霊なんじゃないの？（注。過去の霊言《れいげん》で、宮澤喜一氏の過去世《かこぜ》は、菅原道真《すがわらのみちざね》であることが判明している。『宮澤喜一　元総理の霊言』〔幸福実現党刊〕参照）

綾織　今は、日本に怨念をかけている状態にあるわけですね。

京極純一　「若くして優秀《ゆうしゅう》だったし、秀才の誉《ほま》れ高いのに、いつまでたっても総理になれない」っていうので、ずいぶんねえ……。生きてたときも十五年以上〝怨霊〟をしてたけど、（総理に）なって、これは手強《てごわ》いだろうと思ったら、実は全然手強くなくて、フニャフニャになって溶《と》けてしもうた感じで、日本を道連れにしたみたいなところがあるわなあ。

大川裕太　はい。

京極純一　その後、東大にまで怨霊がかかってきてるからねえ。だから、そのあと、東大出の総理が出なくなってきた。この〝攻撃力《こうげきりょく》〟〝破壊力《はかいりょく》〟はすさまじいもので、「遣唐使《けんとうし》の廃止《はいし》」に相当するぐらいの力だと思うなあ。

大川裕太　（笑）確かにそうですよね。

京極純一　これは、やっぱり、大川隆法さんが「鎮魂帰神法《ちんこんきしんほう》」を行《ぎょう》じなければいけないんじゃないかなあ。そういう意味で期待をしてる人は、意外に多いとは思いますけどね。

「勉強した人」が日本を破壊《はかい》していくのでは、教育の投資効果・コストに合わない

京極純一　そう言ってもねえ、ジャパニーズトレンドとして、「勉強をよくした人が日本を発展させてくれる」っていうのは、教育の投資効果としては実にありがたいことであって、世間《せけん》のママたちも、それは望みたいことであろう。「勉強をした人が日本を破壊《はかい》していく」っていうのでは、どうしてもコストに合わないですからね。やっぱり、勉強した人は賢《かしこ》くなって、世の中を豊かにしたり救ったりできるというのがよくて、「勉強したら怨霊になる」っていうのは困るよなあ。今は、（田中《たなか》）角栄《かくえい》さんも怨霊化し、宮澤さんも怨霊化し、両方、怨霊化してるんじゃないですかねえ。

大川裕太　うーん。なるほど。

京極純一　いやあ、ポリティカル・サイエンスは、日本にはなかなかなじまないね。

大川裕太　そうですよね。

京極純一　なかなかねえ。うーん。

「江副浩正《えぞえひろまさ》氏の怨霊《おんりょう》を祀《まつ》らないと日本経済の再興はない」

京極純一　だから、「怨霊《おんりょう》対策」ですよ。怨霊になってる政治家等を祀《まつ》り、怨霊になってる経済人を祀らなきゃいけない。

リクルートの江副《えぞえ》（浩正《ひろまさ》）さんの霊言を本で出したのかな？（『リクルート事件と失われた日本経済20

『リクルート事件と失われた日本経済20年の謎
江副浩正元会長の霊言』
（幸福の科学出版刊）

年の謎《なぞ》　江副浩正元会長の霊言』〔幸福の科学出版刊〕参照）

綾織　はい。出しました。

京極純一　あれ（江副浩正氏の霊）も絶対、怨霊だから、やっぱり、あの怨霊を祀らないと、日本経済の再興はないよ。

綾織　はい。

京極純一　また、大きな企業《きぎょう》をつくったのに、不幸にも今、立場上、ちょっと不遇《ふぐう》をかこってるような企業家がいたら、そのみんなに「鎮魂をかけないといけない」と思うよね。

綾織　はい。

京極純一　怨霊を祓わないと、日本の上空にあるこの暗雲を払《はら》うことはできないね。「学歴信仰《しんこう》に敗れた者」、あるいは、「『経済的成功者はこの世の成功者だ』と思ってたのに敗れたる者」、こういう者を慰撫《いぶ》していかないと、〝なでなで〟して成仏《じょうぶつ》させないと、日本の未来は明るくはならないんじゃないかなあ。

アメリカ大統領にもかかっているさまざまな怨霊《おんりょう》

大川裕太　京極先生は戦前のお生まれの方でいらっしゃるので、昔の日本の霊的な背景をご存じだったとは思うのですけれども、今、東大に残っていらっしゃる教授方に関しては、だんだん政教分離《ぶんり》化が進んでいき、政治学の科学化が進んでいく流れのなかにおいて、色のついていない、数字で量《はか》るような政治科学的なものになってきている気がします。

「日本の怨霊《おんりょう》政治学」ということもおっしゃっていましたけれども、おそらく海外でも、例えば、アメリカで言えば、イラク戦争以降……。

京極純一　うんうん。その怨霊はすごいと思う。すっごい怨霊を持ってるかもよ。

大川裕太　そう思います。

京極純一　それはねえ、殺した数が何十万は行ってる……、いや、もっと行ってるかもしれないから。この怨霊はアメリカの大統領にかかっていると思います。

大川裕太　はい。

京極純一　だから、アメリカの停滞《ていたい》、衰退《すいたい》が始まったのは、やっぱり、「イスラム系の怨霊」がかなり来て、それが移民に乗り移ったりして、入ってきてるからなんじゃないか。

綾織　はい。

京極純一　移民系の人なんかに入って、アメリカ社会を底辺から揺《ゆ》さぶってるんじゃないかな。アメリカも、もう、怨霊を鎮《しず》めないと駄目《だめ》だろうね。

大川裕太　横井小楠《よこいしょうなん》の霊言でも、「アメリカ社会の麻薬《まやく》というのは、もともと中南米の地域の伝統文化だったんだけれども、白人に国を破壊されたことで、その復讐《ふくしゅう》とばかりに麻薬文化が立ち上ってきてアメリカを下から蝕《むしば》んでいる」というようなことをおっ

『横井小楠 日本と世界の「正義」を語る』
（幸福実現党刊）

しゃっていました（『横井小楠 日本と世界の「正義」を語る』〔幸福実現党刊〕参照）。

京極純一　ああ、そうそうそう。破壊されたからね。そうなんじゃないかな。だから、「イスラム教徒が連れてくる怨霊」はいろいろあると思う。

あと、「マイノリティーの怨霊」。

大川裕太　そうですね。

京極純一　あるいは、「昔の滅《ほろ》ぼされたインディアンの怨霊」も、みんなで同時に・・・立ち上がってくると思う。たぶん、みんなでね。

大川裕太　はい。例えば、二十年に一回、アメリカの大統領は暗殺の危機にさらされているそうなのです（「テカムセの呪い」）。それも、「インディアンの呪いだ」というように言われているそうなのですけれども。

京極純一　それはそうでしょう。人から奪《うば》ったような土地に建ったんだからさ。それは、復讐《ふくしゅう》する権利はあるわな。

大川裕太　うーん。

京極純一　どう見たって、正当防衛の権利は怨霊側にあるわけだからな。

大川裕太　はい。そうですね。

「吉田茂《よしだしげる》元総理の死後の様子」から見る戦後の日本の善悪

京極純一　先の敗戦で言えば、やっぱり、この決着のところを、どういうふうに宗教的に、政治的に処理するかの問題だよな。
だから、戦後が正しいんならね。吉田茂《よしだしげる》？「吉田学校」といわれて、吉田さんの教え子的な政治家が戦後の政治人脈をいっぱいつくってきたわけだけども、あんたがたのお調べによれば、吉田茂は、まだ大磯《おおいそ》の別荘《べっそう》に住んでるつもりでおるらしいということになってるんだろう？（『マッカーサー　戦後65年目の証言』（幸福の科学出版刊）参照）冥土《めいど》に行けてないということやろ？

つまり、彼がやった仕事のなかに、何か悪いことがあった。少なくとも、日本の神々が認可しないものがあったということやろ？

大川裕太　そうですね。

『マッカーサー　戦後65年目の証言』（幸福の科学出版刊）

京極純一　うん。だから、「戦後の政治がよかった」と礼賛《らいさん》する向きがある一方、それをやった主役、立役者《たてやくしゃ》が、もし、天国に還《かえ》っていないというんなら、やっぱり、日本の神々の掟《おきて》の何かに触《ふ》れたということなんじゃないかなあ。

大川裕太　なるほど。

京極純一　吉田茂の怨霊は、麻生《あそう》（太郎《たろう》）副総理にもちゃんとかかっているはずだから、そこのところがはっきりしないと、麻生さんが副総理をしてるかぎり、日本の景気の回復はありえないと考えていいんじゃないかな。

綾織　はい。ありがとうございます。

「幸福実現党はお祓《はら》いをして回っていると思えばいい」

綾織　ある意味、今日は、「なぜ宗教政党が必要なのか」という意味も、逆に分かった感じがします。

京極純一　あんまり、君たちの勇気にならなかったかなあ。

綾織　いえ、そんなことはありません。やはり、「霊的な部分を理解していない政治」というものは、いろいろな問題が解決していかないのだと分かりました。

京極純一　まあ、（幸福実現党では）「個別訪問をしてる」と思わずに、「お祓《はら》いをして回ってる」と思えばいいわけ。

大川裕太　そうですね。そのとおりだと思います。

綾織　（笑）

京極純一　「私たちが来たということは、おたくの不成仏霊がいなくなるんですよ」と。あるいは、「私たちが一票取れれば、戦没者《せんぼつしゃ》の霊は、一人成仏するんですよ」というような気持ちで政治活動をやっておれば、宗教としての正当性はあるし、ある意味での、嫉妬《しっと》、やっかみの部分を〝消し込《こ》む〟効果はあるかもしらんなあ。

10　日本が乗り越《こ》えるべき「戦後の呪縛《じゅばく》」

東大の教授で「怨霊《おんりょう》」となっている人はいるのか

大川裕太　東大教授の皆様がたも、怨霊《おんりょう》化していないでしょうか。大丈夫《だいじょうぶ》ですかね（笑）。

京極純一　怨霊化？　うーん、まあ、怨霊化……、東大教授？

大川裕太　最近、東大の教授で亡《な》くなられた方もけっこういらっしゃったと思います。ストレートに天国へ還《かえ》られている方もいると思いますが、まだ、そうでない方もいらっしゃるのかなと思います。丸山眞男《まるやままさお》先生も（霊言《れいげん》で）来たことがありましたけれども（『日米安保《あんぽ》クライシス――丸山眞男vs.岸信介《きしのぶすけ》――』〈幸福の科学出版刊〉参照）。

京極純一　ああ、そのへんを言うんか。丸山ねえ。

大川裕太　宮沢俊義《みやざわとしよし》先生も来たことがありました（『現代の法難《ほうなん》④――朝日ジャーナリズムの「守護神」に迫る――』〈幸福の科学出版刊〉参照）。

京極純一　確かに、「戦前の否定」と、「日本の文化的なものの否定」があって、教え子がけっこう多かったからねえ。

本人は、はっきりとした「共産党員」とも言わな

『日米安保クライシス――丸山眞男 vs. 岸信介――』
（幸福の科学出版刊）

『現代の法難④――朝日ジャーナリズムの「守護神」に迫る――』
（幸福の科学出版刊）

いし、「社会主義党員」とも言わないけれども、左翼《さよく》的であったことは事実だわな。安保闘争《とうそう》のあたりの、安保の怨霊が残ってるよな。やっぱり、安保のあれは、かなり挫折《ざせつ》感が学問に覆《おお》ったわな。だけど、あのときに、「そういうほう（日米安保反対派）が通ってたらどうか」っていうと、今、日本は、北朝鮮《きたちょうせん》や中国と友好関係にある国になってるわけだよね？

大川裕太　そうですね。

京極純一　今、韓国《かんこく》なんかが、「中国寄りになるか、アメリカ寄りになるか」で、どっちが有利か分からなくて、けっこうフニャフニャ、フラフラしてるけど、（安保闘争当時の日本も）あんな状態だったのかなあっていう。まあ、「どっちが国を護《まも》れるか」っていう感じだったんだと思うよ。

だから、アメリカっていうのは……、日本から見りゃあ、自分は敗戦国だし、

●宮沢俊義（1899～1976）　憲法学者、東京大学名誉教授。戦後、日本国憲法の審議に参加し、「八月革命説」を提唱。司法界に多大な影響を与えた。

「向こうの、攻《せ》めて滅《ほろ》ぼした国に追随《ついずい》する」っていうことは、やっぱり、悔《くや》しいといやあ、悔しいね。ネイティブ・インディアンの気持ちから見れば、「勝ったところに追随する」っていうのは悔しいから、反対のほうに行きたくなる感じはあったとは思うんだけどねえ。

「憲法九条が残るか、天皇制が残るか」という〝最終決戦〟

京極純一　やっぱり、戦後、「天皇制のところ」も怨霊が発生するわなあ。戦後の体制から見るとな。

今の天皇は、過去、さまざまな怨霊の影響《えいきょう》を受けてるとは思う。「慰霊《いれい》の旅」をやってるけど、慰霊してお祓《はら》いできるだけの力がないと思うんだよ。ないと思うのは、自分に自己確信というか、自信がないから。

もし、「天照大神《あまてらすおおみかみ》の子孫《しそん》である」という自信をお持ちだったら、この慰霊の旅も力は出てくるけど、そういうことをもう信じてない。自然科学者的な頭を持っておられて、儀礼《ぎれい》としてだけやってらっしゃるから、まあ、そういうお祓いができてるとは、必ずしも思えないね。

天皇家の将来も、非常に今、そういう怨霊がかかってきてる。はっきり言えば、〝GHQの亡霊《ぼうれい》〟もあるけども、「憲法九条」と「天皇制の維持《いじ》」とが、〝最終決戦〟としては残っている。「憲法九条が残るか、天皇制が残るか」の戦いのような気はするね。

大川裕太　そうですね。一体化してますからね。

京極純一　うん、一体化してるので。

日本の神様はみな、基本的に政治にかかわっているけれども、もともとの源流は「戦神《いくさがみ》」ですよ。

神武《じんむ》天皇即位《そくい》の理由は、「武力で勝って、九州から大和朝廷《やまとちょうてい》、近畿《きんき》まで攻め上《のぼ》って、統一王朝をつくった」ということで、「武《ぶ》」によってつくったわけですから。「憲法九条信仰」というのは、その神武天皇即位を否定する行為と、だいたい一緒なんですよ。

そうすると、これは日本の神様がたへの信仰を断《た》ち切る行為にもなるわけね。つまり、神様がたが〝武装解除〟してしまって、〝剣《つるぎ》〟を取り上げることになる。日本の神様は、基本的には戦神が多いことは多いので。やっぱり、戦乱は多かったですからね。

そのへんの伝統は断ち切られているので、最終的には、「憲法九条はノーベル賞を受賞して生き残るのか」、それとも、「天皇制が、皇太子様が天皇になる次の時代に、まだ残れるのかどうか」。このあたりが今、戦いになってるんじゃないかなあと思いますね。

「マイナスの風が吹《ふ》いても、やるべきことをやる」のが宗教の使命

京極純一　もし、あなたがたが寄与《きよ》するとしたら、「多少なりとも日本の伝統や文化が生き残る方向への加勢はしてるんではないかな」というふうに思う。

また、あなたがたから見たら、「進駐軍《しんちゅうぐん》、つまり、占領《せんりょう》されてたときに来た人たちが二十人ぐらいで憲法をつくった」とかいうようなのは、「そんなの、神様から頂いた『十戒《じっかい》』みたいな感じでそれを守るというのは、ちょっとおかしいのではないか。天皇の権威《けんい》の否定はいいけども、こちらを天からの遣《つか》いみたいに考えるのはどうなのか」っていうことを、この世的にはちゃんと言ってるわけで。

そして、（幸福の科学と幸福実現党は）「神様はいるんだ」ということを言ってる。これは、戦後の呪縛《じゅばく》を解くことはできるかもしれない。まあ、政治的に成功するかどうかは分からないけども、戦後の呪縛を一つひとつ解いていってるんでしょ？

だから、従軍《じゅうぐん》慰安婦だって、南京《ナンキン》事件だって、これを言うことは、まあ、釈《しゃく》党首

●十戒　モーセがイスラエルの民を率いて出エジプトをなしたとき、シナイ山上でヤハウェの神から受けた「十の戒め」。西洋の契約思想の源流になった。

が頑張《がんば》れば頑張るほど、それはねえ、投票を減らしてますよ、はっきり言って。

大川裕太　そうですか。

京極純一編集長（綾織）が「ザ・リバティ」で、「南京大虐殺《だいぎゃくさつ》はなかった。従軍慰安婦はなかった」ということを書けば書くほど、票は減ってますよ。幸福の科学のシンパや信者からも、票は減ってますよ。書けば書くほど、減ってるんです。政治的には、勝てない方向を一生懸命押《いっしょうけんめいお》してるんです。

ただ、戦後の呪縛は、だんだんに、一本一本、タコ糸を切るように切られていっているのは事実です。この戦後の呪縛を切って、やはり、もう一段、「公正中立な判断とは何か」というのをやることは、使命だろうと思うんだよ。

これは、キリスト教で言えば、「受難《じゅなん》」のことだし、仏教で言っても、「法難」ということはあるので、多少、マイナスの風が吹《ふ》いても、「やるべきことをやる」というのは、宗教の使命だと思う。

やはり、日本の政治も、呪縛されてるからね。これは解き放ってやる必要はあると思うな。最後はどういうかたちになるかは、私のごとき者にはよくは分かりませんがね。

ただ、その現実の戦力として勝てるかどうかは知らないけれども、オピニオンリーダー性が出てきていることは確かで、幸福の科学が言ってる方向に、日本が舵《かじ》を切りつつあることは事実なので、焦《あせ》らないで継続《けいぞく》的に、タコ糸を一本一本切って、戦後の呪縛を外していくことが大事なんじゃないかなあと思いますね。

まあ、それには、ちょっと時間がかかるけどね。

日本がリーダーになるには、「世界がムラ社会に戻《もど》ればいい」？

森國　「宮澤喜一《みやざわきいち》さんの呪縛を解く」ということですけれども、宮澤さんはもともと、「円の基軸《きじく》通貨化」などの世界的な視点を持った政策を実現しようとされていたように思います。その意味でも、「日本の戦後の怨霊を祓う」ということは、「日本がこれから、世界のリーダーとなっていく」ということでもあると思います。「日本が世界のリーダーになる」ということについて、もしお感じのところがあれば、最後におっしゃっていただけるとありがたいです。

京極純一　「日本が世界のリーダーになる」っていうのは、かなり難しいことです。ただ、「世界をムラ社会に戻《もど》してしまう」というやり方はありますね。日本モデルを見て、みんなムラ社会に戻ればいいわけですよ。

北朝鮮も村に戻ればいいんです。ムラ社会に戻れば、そんなに海外メディアに「人工衛星の実験だ」とか、流す必要もないわけで、村で生きていけばいいわけですよ。みんな、それぞれの村で生きていけばいい。「アメリカが、なんでそんな砂《さ》漠《ばく》まで来て、軍の展開をしなきゃいけないのか」という。ムラ社会には、これは分からんことですよねえ。

だから、村でそれぞれ、平和と安全を護って生きていく。あんまりそう高い関心を持って、他国に干渉《かんしょう》しすぎない体制も大事なのではないかと思う。所詮《しょせん》、他人《たにん》さんであるところの、国連常任理事国かなんか知らんけど、そういうところが集まって決めたからって、それが、「自分の国にとっては正しいか」、「自分の国の幸福になるかどうか」なんて、そんなの分からないことですから。他人様が決めることなんでね、分からないですから。

私は、地方自治ではなくて、村単位の自治ですねえ。それぞれの国を、村の政治のレベルに還元《かんげん》することによって、もう一回原点に帰って、「自分の村はどうしたらよくなるか、考えてみよう。よそのことにあんまり干渉しすぎるのはやめよう」という感じかなあ。国際政治のパワー・ポリティクスみたいな感じで、「力の均衡《きんこう》で、バランスをもって、これが何年続くか」みたいなことまで考えても、いずれ、そんなものは駄目《だめ》なんじゃないかなという気がするので。やっぱり、「それぞれの村のことに専念しよう」ということになる方向が、平和なんじゃないかなあというふうには思ってますがね。

日本としては、やるべき「鎮魂《ちんこん》」とか、「お祓《はら》い」とかが終わってないので、とりあえずは日本は、その「鎮魂」と「お祓い」をきっちりとやって、日本の本来の姿を取り戻す方向に専念することが大事なんじゃないかなと思うし、〝アメリカ礼《らい》賛《さん》〟も、そろそろ終わりが来つつあることはそうなんだろうから、ムラ社会に戻れるチャンスだよね。

だから、幸福の科学はそういう、新しい〝村会議員〟と、〝村長〟を出すことに専念すればいいわけですな。

ちょっと、がっかりかな？

大川裕太　いえ、いえ。一つ重要なご指摘《してき》としては、おっしゃるとおりだなとは思いますね。

京極純一　いやね、マスコミが余計な報道をしなきゃいいのよ。北朝鮮のそんな弾《だん》道《どう》ミサイルなんか、何回も何回も流さないほうがいいよ。それは観《み》れば観るほど、「で、どうしてほしいんだ？」っていうことになるよね。流す以上、「反撃《はんげき》してほしいのか。あるいは、屈服《くっぷく》してほしいのか。どっちか選んでくれ」と言われているように見えるじゃないですか。流されたら、「これを撃《う》ち落とせるようにしなきゃいけないのか。それとも、『もう敵《かな》わんから降参しろ』と言ってるのか」みたいにしか見えないじゃないですかね。

だから、村とムラ社会で、無視すればいいわけですよ。〝北朝鮮村〟の話なんですから。〝日本村〟は別のことをまだやってるわけですから。

綾織　それは、バランスを取りながら、やっていきたいと思います。

「大川隆法先生が、怨霊《おんりょう》は全部祓《はら》ってくださる」

京極純一　うーん、役に立たなかったかな（舌打ち）。

綾織　いえ。本日は、「最終講義」ということで、さまざまな新しい観点からの政治分析《ぶんせき》を頂きまして、楽しく伺《うかが》えました。

京極純一　いや、東大法学部最後の輝《かがや》きとして、大川隆法先生が出て、日本を導いておられるから、きっと怨霊《おんりょう》は全部祓《はら》ってくださるんじゃないかと思うよ。うん、うん、うん。たぶん、大丈夫や。

綾織　はい。ありがとうございます。

京極純一　（綾織に）君、ちょっと傷つけたな。ごめんなあ。

綾織　いえ、大丈夫です。

京極純一　「『ザ・リバティ』に書けば書くほど、票が減る」なんて、それはちょっと君を傷つけたかもしれん。

綾織　いえ、そんなことはありません。

京極純一　私は言葉が過ぎた。

綾織　バランスを取って、頑張ってまいります。

京極純一　いや、やっぱり、それは、〝怨霊〟になるといけないから、ちょっと〝なでなで〟しようかと。

綾織　大丈夫です。

京極純一　だから、君らもあんまり厳しくやりすぎてもいけないからね。世界は滅びるときには滅びるから、そのときは、「終末予言」で終わりにしたらいいんであって、解決できないことだってあるさ。だけど、「ムラ社会的にできることはやっていく」ということで努力したら、よろしいんじゃないかなあ。

私が、「核《かく》兵器をぶち込《こ》め」とか言ったら、さすがにそれは、日本の政治には、すごい分《ぶん》が過ぎるので、ちょっとそれは言えんけども。まあ、「隠《かく》れたニーズがある」ということだけは、申し伝えてはおきました。

質問者一同　はい。本日は、まことにありがとうございます。

11　京極純一・元教授の「最終講義」を終えて

大川隆法　（手を二回叩《たた》く）うーん、ちょっと変わってはいましたがね。こんな政治学は、あまり聞かない政治学でした。

綾織　ただ、「宗教政党が要《い》るんだ」ということはよく分かります。

大川隆法　何となく、宗教政治学のほうに引っ張ってこられる？

大川裕太　そうですね、はい。珍《めずら》しい方でいらっしゃいますけれども、こちらのほうが、今の科学的政治学よりも、よほど、当会の（霊的《れいてき》な）ブレーンになりそうな気はしてはいます（笑）。

大川隆法　ああ、本音の部分に迫《せま》っているから。

大川裕太　はい。

大川隆法　「甘利《あまり》さんが辞《や》めたのはＴＰＰの怨霊《おんりょう》」などと言っていましたが、まあ、そうかもしれないなと思うのは、「こういう人であれば、そのように言うかもしれない」ということでしょうか。なるほど、う－ん。

大川裕太　幸福実現党の立候補者は国政選挙に落ち続けていますが、この〝怨霊力〟というものをつけて……。

大川隆法　〝怨霊力〟（笑）。

大川裕太　既存《きそん》の政治家に打ち勝っていく秘訣《ひけつ》の部分をもっと磨《みが》いていきたいと思います。

大川隆法　そうですね。「もし、天照大神《あまてらすおおみかみ》のご意向に逆《さか》らい続けたら、この国はどういうことになるか。あちこちで地震《じしん》や噴火《ふんか》が起きていることについて、もう少しよく考えてみないといけない」ということですね。

大川裕太　落選し続けていることに対して……。

大川隆法　「神様がたの怒《いか》りが溜《た》まっているのではないか」ということですね。「やはり、もう少しは幸福実現党について書かないと、マスコミも〝怨霊の力〟で次々と潰《つぶ》れていくのでないか」というような。

大川裕太　そうですね（笑）。はい。

大川隆法　やはり、彼らが倒産《とうさん》していったら、そう言うでしょうね。「やっぱり、幸福実現党について、しっかりと報道をしなかったから潰れたんだ」と言われるでしょうね。

まあ、少々変わった〝怨霊の政治学〟のようになってしまいましたが、でも、一つの考えるヒントにはなったかもしれません。本音のことまで言ってくれたかどうかは分かりませんが、何らかの参考にはなったでしょう。

大川裕太　はい。

大川隆法　はい。ありがとうございました（手を一回叩く）。

あとがき

本書の元になった講義霊言を聞いて、分からなかったという人も、面白かったという人もいた。日本政治をかなり独創《どくそう》的な異質な眼で捉《とら》えているので、初めての人には驚きで、本書のさらなる講義が必要なぐらいかもしれない。たとえば、昔の授業では一見「ムラ社会」の話をしているようでも、官僚の息子だった大学同期の友人は、「役人の社会について実によく知っている」と舌を巻いていたのを憶《おぼ》えている。

京極政治学は、私にとっても、マスコミ分析や、日本文化分析へのきっかけになったものかと思われる。政治学から幅広い教養への道を開いて下さった。

本書では「憲法九条が残るか、天皇制が残るか」という新しい論点も提起された。これを読んだ憲法学者は、一瞬《いっしゅん》、「虚《きょ》」を突かれた思いがしたことだろう。新たな「宗教政治学」を打ち樹《た》ててご恩返しをしなければなるまいと考えている。

二〇一六年　二月十七日

幸福《こうふく》の科学《かがく》グループ創始者兼総裁《そうししゃけんそうさい》
幸福実現党総裁《こうふくじつげんとうそうさい》　大川隆法《おおかわりゅうほう》

『公開霊言　元・東大教授　京極純一「日本の政治改革」最終講義』

大川隆法著作関連書籍

『太陽の法』（幸福の科学出版刊）

『新・日本国憲法 試案』（同右）

『公開霊言 山本七平の新・日本人論 現代日本を支配する「空気」の正体』（同右）

『平和学入門　元東大名誉教授・篠原一　次代へのメッセージ』（同右）

『リクルート事件と失われた日本経済20年の謎 江副浩正元会長の霊言』（同右）

『マッカーサー 戦後65年目の証言

――マッカーサー・吉田茂・山本五十六・鳩山一郎の霊言――』（同右）

『日米安保クライシス――丸山眞男 vs. 岸信介――』（同右）

『現代の法難④――朝日ジャーナリズムの「守護神」に迫る――』（同右）

『篠原一東大名誉教授「市民の政治学」その後』（幸福実現党刊）

『宮澤喜一　元総理の霊言』（同右）
『横井小楠　日本と世界の「正義」を語る』（同右）

公開霊言《こうかいれいげん》　元《もと》・東大教授《とうだいきょうじゅ》　京極純一《きょうごくじゅんいち》
「日本《にほん》の政治改革《せいじかいかく》」最終講義《さいしゅうこうぎ》

2016年２月24日　初版第１刷

著　者　　大《おお》　川《かわ》　隆《りゅう》　法《ほう》

発行所　　幸福の科学出版株式会社

〒107-0052 東京都港区赤坂２丁目10番14号
TEL(03)5573-7700
http://www.irhpress.co.jp/

印刷・製本　株式会社 研文社

落丁・乱丁本はおとりかえいたします

ISBN978-4-86395-770-1 C0030
写真：Gary Conner/ ゲッティイメージズ

大川隆法 霊言シリーズ・東大法学部の権威に訊く

平和学入門
元東大名誉教授・篠原一
次代へのメッセージ

「米ソ冷戦」から「中国台頭」の時代に移った今、政治理論はどうあるべきか。討議型デモクラシーはなぜ限界なのか。政治学の権威が"最終講義"。

1,400円

篠原一東大名誉教授
「市民の政治学」その後
幸福実現党の時代は来るか

リベラル派の政治家やマスコミの学問的支柱となった東大名誉教授。その守護霊が戦後政治を総括し、さらに幸福実現党への期待を語った。【幸福実現党刊】

1,400円

危機の時代の国際政治
藤原帰一東大教授守護霊インタビュー

「左翼的言論」は、学会やメディア向けのポーズなのか? 日本を代表する国際政治学者の、マスコミには語られることのない本音が明らかに!

1,400円

※表示価格は本体価格(税別)です。

大川隆法 霊言シリーズ・東大法学部の権威に訊く

スピリチュアル政治学要論

佐藤誠三郎・元東大政治学教授の霊界指南

憲法九条改正に議論の余地はない。生前、中曽根内閣のブレーンをつとめた佐藤元東大教授が、危機的状況にある現代日本政治にメッセージ。

1,400円

「特定秘密保護法」をどう考えるべきか

藤木英雄・元東大法学部教授の緊急スピリチュアルメッセージ

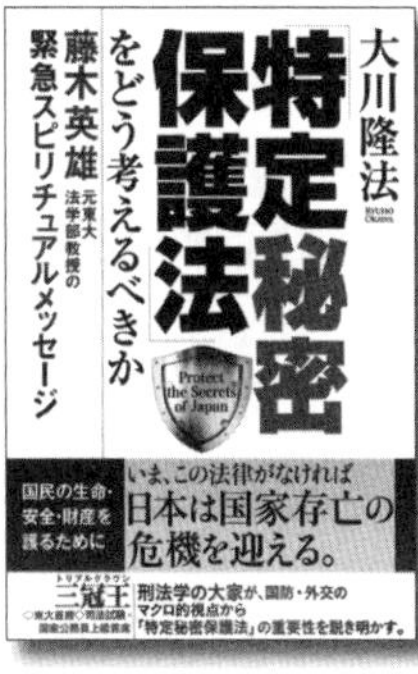

戦争の抑止力として、絶対、この法律は必要だ！ 世論を揺るがす「特定秘密保護法案」の是非を、刑法学の大家が天上界から"特別講義"。

1,400円

憲法改正への異次元発想

憲法学者NOW・芦部信喜 元東大教授の霊言

憲法九条改正、天皇制、政教分離、そして靖国問題……。参院選最大の争点「憲法改正」について、憲法学の権威が、天上界から現在の見解を語る。【幸福実現党刊】

1,400円

大川隆法霊言シリーズ・政治家の本音に迫る

宮澤喜一 元総理の霊言

戦後レジームからの脱却は可能か

失われた20年を招いた「バブル潰し」。自虐史観を加速させた「宮澤談話」──。宮澤喜一元総理が、その真相と自らの胸中を語る。【幸福実現党刊】

1,400円

景気回復法

公開霊言
高橋是清・田中角栄・土光敏夫

明治から昭和期、日本を発展のレールに乗せた政財界の大物を、天上界より招く。日本経済を改革するアイデアに満ちた、国家救済の一書。

1,200円

中曽根康弘元総理・最後のご奉公

日本かくあるべし

「自主憲法制定」を党是としながら、選挙が近づくと弱腰になる自民党。「自民党最高顧問」の目に映る、安倍政権の限界と、日本のあるべき姿とは。【幸福実現党刊】

1,400円

※表示価格は本体価格(税別)です。

大川隆法ベストセラーズ・戦後体制の是非を問う

「集団的自衛権」はなぜ必要なのか

日本よ、早く「半主権国家」から脱却せよ! 激変する世界情勢のなか、国を守るために必要な考え方とは何か。この一冊で「集団的自衛権」がよく分かる。【幸福実現党刊】

1,500円

日米安保クライシス

丸山眞男 vs. 岸信介

「60年安保」を闘った、左翼系政治学者・丸山眞男と元首相・岸信介による霊言対決。二人の死後の行方に審判がくだる。

1,200円

マッカーサー 戦後65年目の証言

マッカーサー・吉田茂・山本五十六・鳩山一郎の霊言

GHQ最高司令官・マッカーサーの霊によって、占領政策の真なる目的が明かされる。日本の大物政治家、連合艦隊司令長官の霊言も収録。

1,200円

大川隆法シリーズ・最新刊

公開霊言
カントなら現代の難問にどんな答えをだすのか？

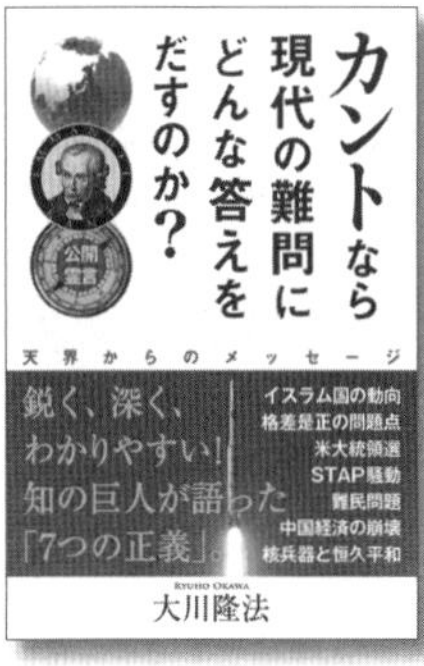

米大統領選、ＳＴＡＰ騒動、ヨーロッパ難民問題、中国経済の崩壊……。現代のさまざまな問題に「近代哲学の巨人」が核心を突いた答えを出す！

1,400円

現代の正義論

憲法、国防、税金、そして沖縄。
――『正義の法』特別講義編

国際政治と経済に今必要な「正義」とは――。北朝鮮の水爆実験、イスラムテロ、沖縄問題、マイナス金利など、時事問題に真正面から答えた一冊。

1,500円

緊急・守護霊インタビュー
台湾新総統
蔡英文の未来戦略

台湾新総統・蔡英文氏の守護霊が、アジアの平和と安定のために必要な「未来構想」を語る。アメリカが取るべき進路、日本が打つべき一手とは？

1,400円

天使は、見捨てない。
天使に
I'm fine!
アイム・ファイン
製作総指揮/大川隆法
雲母(きらら)　芦川よしみ　金子昇　清水一希　合香美希
原作/『アイム・ファイン』大川隆法(幸福の科学出版)
監督・脚本/園田映人　音楽/大門一也　製作:ニュースター・プロダクション　制作プロダクション:ジャンゴフィルム　配給:日活　配給協力:東京テアトル
©2016ニュースター・プロダクション
5つの傷ついた心に、奇跡を起こす ―
3.19(SAT)ROADSHOW
www.newstar-pro.com/tenshi/
NIKKATSU

幸福の科学グループのご案内

宗教、教育、政治、出版などの活動を通じて、
地球的ユートピアの実現を目指しています。

幸福の科学

一九八六年に立宗。信仰の対象は、地球系霊団の最高大霊、主エル・カンターレ。世界百カ国以上の国々に信者を持ち、全人類救済という尊い使命のもと、信者は、「愛」と「悟り」と「ユートピア建設」の教えの実践、伝道に励んでいます。

（二〇一六年二月現在）

愛

幸福の科学の「愛」とは、与える愛です。これは、仏教の慈悲《じひ》や布施《ふせ》の精神と同じことです。信者は、仏法真理をお伝えすることを通して、多くの方に幸福な人生を送っていただくための活動に励んでいます。

悟り

「悟り」とは、自らが仏の子であることを知るということです。教学《きょうがく》や精神統一によって心を磨き、智慧《ちえ》を得て悩みを解決すると共に、天使・菩薩《ぼさつ》の境地を目指し、より多くの人を救える力を身につけていきます。

ユートピア建設

私たち人間は、地上に理想世界を建設するという尊い使命を持って生まれてきています。社会の悪を押しとどめ、善を推し進めるために、信者はさまざまな活動に積極的に参加しています。

国内外の世界で貧困や災害、心の病で苦しんでいる人々に対しては、現地メンバーや支援団体と連携して、物心両面にわたり、あらゆる手段で手を差し伸べています。

年間約３万人の自殺者を減らすため、全国各地で街頭キャンペーンを展開しています。

公式サイト　www.withyou-hs.net

ヘレン・ケラーを理想として活動する、ハンディキャップを持つ方とボランティアの会です。視聴覚障害者、肢体不自由な方々に仏法真理を学んでいただくための、さまざまなサポートをしています。

公式サイト　www.helen-hs.net

INFORMATION

お近くの精舎・支部・拠点など、お問い合わせは、こちらまで！

幸福の科学サービスセンター

TEL. **03-5793-1727**（受付時間 火〜金：10〜20時／土・日・祝日：10〜18時）

幸福の科学 公式サイト **happy-science.jp**

学部のご案内

人間幸福学部

人間学を学び、新時代を切り拓くリーダーとなる

人間の本質と真実の幸福について深く探究し、
高い語学力や国際教養を身につけ、人類の幸福に貢献する
新時代のリーダーを目指します。

経営成功学部

企業や国家の繁栄を実現する、起業家精神あふれる人材となる

企業と社会を繁栄に導くビジネスリーダー・真理経営者や、
国家と世界の発展に貢献する
起業家精神あふれる人材を輩出します。

未来産業学部

新文明の源流を創造するチャレンジャーとなる

未来産業の基礎となる理系科目を幅広く修得し、
新たな産業を起こす創造力と起業家精神を磨き、
未来文明の源流を開拓します。

未来創造学部

2016年4月
開設予定

時代を変え、未来を創る主役となる

政治家やジャーナリスト、ライター、俳優・タレントなどのスター、
映画監督・脚本家などのクリエーターを目指し、国家や世界の発展、
幸福化に貢献できるマクロ的影響力を持った徳ある人材を育てます。

キャンパスは東京がメインとなり、2年制の短期特進課程も新設します（4年制の1年次は千葉です）。2017年3月までは、赤坂「ユートピア活動推進館」、2017年4月より東京都江東区（東西線東陽町駅近く）の新校舎「HSU未来創造・東京キャンパス」がキャンパスとなります。

教育

学校法人 幸福の科学学園

学校法人 幸福の科学学園は、幸福の科学の教育理念のもとにつくられた教育機関です。人間にとって最も大切な宗教教育の導入を通じて精神性を高めながら、ユートピア建設に貢献する人材輩出を目指しています。

幸福の科学学園

中学校・高等学校（那須本校）
2010年4月開校・栃木県那須郡（男女共学・全寮制）
TEL **0287-75-7777**
公式サイト **happy-science.ac.jp**

関西中学校・高等学校（関西校）
2013年4月開校・滋賀県大津市（男女共学・寮及び通学）
TEL **077-573-7774**
公式サイト **kansai.happy-science.ac.jp**

ハッピー・サイエンス・ユニバーシティ（HSU）
TEL **0475-32-7770**

仏法真理塾「サクセスNo.1」 TEL **03-5750-0747**（東京本校）
小・中・高校生が、信仰教育を基礎にしながら、「勉強も『心の修行』」と考えて学んでいます。

不登校児支援スクール「ネバー・マインド」 TEL **03-5750-1741**
心の面からのアプローチを重視して、不登校の子供たちを支援しています。
また、障害児支援の **「ユー・アー・エンゼル！」運動**も行っています。

エンゼルプランV TEL **03-5750-0757**
幼少時からの心の教育を大切にして、信仰をベースにした幼児教育を行っています。

シニア・プラン21 TEL **03-6384-0778**
希望に満ちた生涯現役人生のために、年齢を問わず、多くの方が学んでいます。

NPO 活動支援

学校からのいじめ追放を目指し、さまざまな社会提言をしています。また、各地でのシンポジウムや学校への啓発ポスター掲示等に取り組む一般財団法人「いじめから子供を守ろうネットワーク」を支援しています。

公式サイト **mamoro.org**
ブログ **blog.mamoro.org**
相談窓口 **TEL.03-5719-2170**

政治

幸福実現党

内《ない》憂《ゆう》外《がい》患《かん》の国難に立ち向かうべく、二〇〇九年五月に幸福実現党を立党しました。創立者である大川隆法党総裁の精神的指導のもと、宗教だけでは解決できない問題に取り組み、幸福を具体化するための力になっています。

党員の機関紙
「幸福実現NEWS」

TEL 03-6441-0754
公式サイト hr-party.jp
若者向け政治サイト truthyouth.jp

出版
メディア
事業

幸福の科学出版

大川隆法総裁の仏法真理の書を中心に、ビジネス、自己啓発、小説など、さまざまなジャンルの書籍・雑誌を出版しています。他にも、映画事業、文学・学術発展のための振興事業、テレビ・ラジオ番組の提供など、幸福の科学文化を広げる事業を行っています。

アー・ユー・ハッピー？
are-you-happy.com

ザ・リバティ
the-liberty.com

幸福の科学出版
TEL 03-5573-7700
公式サイト irhpress.co.jp

THE FACT

ザ・ファクト
マスコミが報道しない
「事実」を世界に伝える
ネット・オピニオン番組

Youtubeにて
随時好評配信中！

ザ・ファクト 検索

入会のご案内

あなたも、幸福の科学に集い、ほんとうの幸福を見つけてみませんか？

幸福の科学では、大川隆法総裁が説く仏法真理をもとに、
「どうすれば幸福になれるのか、また、
他の人を幸福にできるのか」を学び、実践しています。

入会

大川隆法総裁の教えを信じ、学ぼうとする方なら、どなたでも入会できます。入会された方には、『入会版「正心法語」』が授与されます。（入会の奉納は1,000円目安です）

ネットでも**入会**できます。詳しくは、下記URLへ。
happy-science.jp/joinus

三帰《さんき》誓願《せいがん》

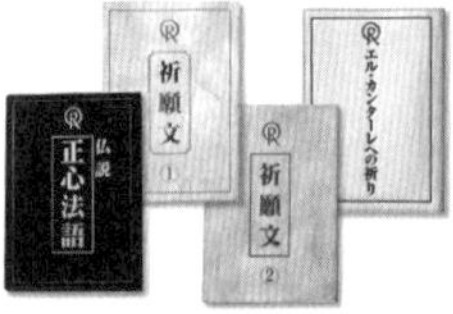

仏弟子としてさらに信仰を深めたい方は、仏・法・僧の三宝への帰依を誓う「三帰誓願式」を受けることができます。三帰誓願者には、『仏説・正心法語』『祈願文①』『祈願文②』『エル・カンターレへの祈り』が授与されます。

植福《しょくふく》の会

植福は、ユートピア建設のために、自分の富を差し出す尊い布施の行為です。布施の機会として、毎月1口1,000円からお申込みいただける、「植福の会」がございます。

ご希望の方には、幸福の科学の小冊子（毎月1回）をお送りいたします。詳しくは、下記の電話番号までお問い合わせください。

月刊「幸福の科学」

ザ・伝道

ヤング・ブッダ

ヘルメス・エンゼルズ

INFORMATION
幸福の科学サービスセンター
TEL. 03-5793-1727（受付時間 火〜金：10〜20時／土・日・祝日：10〜18時）
幸福の科学 公式サイト **happy-science.jp**